Enseignements du Bouddha

DU MÊME AUTEUR

Sur le vrai bouddhisme de la Terre Pure
Le Seuil, 1994

Paroles du Bouddha
Le Seuil, 1991

Un bouddhisme pour tous : l'Amidisme
Société bouddhique suisse Jôdo-Shin, 1976

La Doctrine bouddhique de la Terre Pure :
introduction à trois sûtra bouddhiques
Dervy-Livres, coll. « Mystiques et Religions », 1973

Le Livre de la vérité en 42 articles :
Un manuel bouddhique de la Chine antique
Société bouddhique suisse Jôdo-Shin, 1972

Le Sûtra d'Amida version chinoise de Kumarajîva
Société bouddhique suisse Jôdo-Shin, 1972

Aux sources du Mahâyâna :
Trois sûtra et un traité sur la Terre Pure
Aquarius, 1984 (épuisé)
(nouvelle édition en préparation)

La Civilisation des samurai
Priuli & Verlucca Editori, 1991

Thanka de l'Himalaya :
Images de la sagesse
Priulli & Verlucca Editori, 1993 (épuisé)
Nouvelle édition complétée, 2003
Jean Éracle et Jérôme Ducor

Enseignements du Bouddha

conservés en chinois

Textes tirés du Canon bouddhique chinois
Préface, traduction et notes par Jean Éracle

Librio

Note bibliographique

Tous les textes présentés proviennent de Taishô shinshu daizôkyô (Canon bouddhique, édition révisée de l'ère Taishô). The Tripitaka in chinese, revised, collated, rearranged and edited by Prof. J. Takakusu and Prof. K. Watanabe, published by the Taishô Issaikyô Kankô Kai.
Tokyo, 1924-1932. Reprint : Tokyo, 1960

Les traducteurs de sanskrit sont mentionnés avant chaque texte. Tous les textes de cet ouvrage ont été traduits en français par Jean Éracle.

Préface

La doctrine du Bouddha Çakya-Mouni, qui vécut en Inde du Nord il y a deux mille cinq cents ans, suscite aujourd'hui un vif intérêt en Europe et dans l'ensemble du continent américain. Longtemps, son étude fut l'affaire d'érudits, avant de s'étendre à beaucoup d'autres personnes qui y cherchèrent des principes de vie marqués par un esprit de non-violence et de large tolérance, ainsi qu'une voie pratique pour atteindre une indéfectible paix du cœur.

Née en Inde, la doctrine bouddhique se répandit en Chine le long des grandes voies commerciales, terrestres, puis maritimes, dans les premiers siècles de notre ère, ce qui inaugura un gigantesque travail de traduction qui s'étendit sur une dizaine de siècles, des Han Postérieurs aux Song et produisit des milliers de discours du Maître originel et de commentaires autorisés de sages et de spirituels.

Une antique tradition chinoise prétend qu'autour des années 60 après J.-C., deux religieux indiens, Kâçyapa Mâtanga et Gobharana, vinrent en Chine à la demande de l'empereur Ming-ti des Han Postérieurs et qu'ils apportèrent avec eux un « livre d'une grande importance » intitulé « Sûtra en quarante-deux articles ».

La légende raconte qu'une nuit l'empereur avait vu en rêve un homme d'une grande beauté avec des membres de la couleur de l'or pur et le soleil formant une auréole derrière sa tête : il venait de l'ouest à travers l'espace et descendait dans la cour du palais. Au petit matin, le souverain avait réuni son conseil, afin de s'enquérir sur la signification de cette vision. Un ministre avisé avait alors affirmé qu'il s'agissait d'un grand sage connu en Inde sous le nom de « Bouddha » et qu'il fallait envoyer une délégation pour recueillir son enseignement.

Aujourd'hui, on admet que ce texte est plus tardif et qu'il n'est pas autre chose qu'un recueil de quarante-deux « paroles du Bouddha » glanées ici ou là dans les livres anciens. Un examen des diverses recensions de ce Sûtra permet d'ailleurs d'y déceler plusieurs couches rédactionnelles. L'introduction et la conclusion, l'article 2 et la majeure partie des articles 10 et 42 semblent ainsi plus tardifs que l'ensemble du texte.

Quoi qu'il en soit, ce livre fut toujours considéré en Chine comme un petit manuel à l'usage des religieux qui répandirent la doctrine bouddhique dans l'Empire du Milieu.

L'ouvrage est des plus intéressant. Il est simple dans sa composition, imagé dans son langage et d'une grande concision. Il permet de comprendre, par le truchement d'anecdotes et de paraboles, les principes de base du bouddhisme. C'est la raison pour laquelle nous l'avons traduit, lui ajoutant des commentaires qui cherchent, non pas tellement à donner une image de l'enseignement tel qu'il se présentait à l'époque de la constitution du recueil, mais à faire mieux saisir l'essentiel de la Voie telle qu'elle est demeurée vivante jusqu'à nos jours.

Tout le livre d'ailleurs tourne autour de ce seul mot : la Voie, c'est-à-dire le Tao. Ce dernier n'est pas le Principe inexprimable de toutes choses qui est à la base de la philosophie taoïste, mais la Voie de la Délivrance tracée par le Bouddha Çâkya-Mouni. Tao correspond normalement au sanscrit Marga. Dans certains passages, il semble plutôt traduire le mot sanscrit Bodhi, l'Éveil, ou même le mot Nirvâna, la Grande Paix, expressions qui désignent le terme de la Voie. En d'autres endroits, Tao signifie tout simplement Voie et se rapporte aux moyens de délivrance enseignés par le Bouddha. On peut même aussi lui donner le sens de Dharma, c'est-à-dire Loi ou Doctrine, le cœur de l'enseignement étant précisément la Voie qui mène à la suppression de la souffrance.

L'ensemble du texte insiste beaucoup sur ce qu'on a l'habitude d'appeler la « Loi de l'acte » ou Karma désignée souvent en Chine comme « Loi de cause à effet ». Au moyen d'historiettes et de comparaisons, le Sûtra enseigne comment nos actes produisent toujours en nous un effet bon ou mauvais selon leur nature, indépendamment des conséquences qu'ils entraînent pour autrui.

Cette loi est particulièrement importante, car c'est d'elle que découlent tous les principes du comportement pour le bouddhiste. Pour ce dernier, en effet, tout l'ordre moral n'est pas rattaché à une Volonté divine par rapport à laquelle certains actes sont permis et d'autres défendus, mais ce qu'on appelle « préceptes » ne fait qu'indiquer, en laissant à l'homme son entière responsabilité, quels sont les actes qui, sur le plan du corps, de la parole et de l'esprit, entraînent de bonnes conséquences et favorisent le développement spirituel, et quels sont ceux qui, au contraire, engendrent la tristesse et l'angoisse, le doute et la déception.

De ce fait, le Sûtra ne fait qu'exposer, d'une manière très concrète et vivante, le contenu des Quatre Nobles Vérités que le Bouddha énonça lors de son premier discours à Bénarès et dont il n'est pas inutile de reproduire ici les termes :

« Voici, ô moines, la Noble Vérité sur la Souffrance : la naissance est souffrance, la vieillesse est souffrance, la maladie est souffrance, la mort est souffrance, la séparation d'avec ce que nous aimons est souffrance, ne pas obtenir ce que nous désirons est souffrance, en résumé, les cinq sortes d'objets de l'attachement sont souffrance. »

« Voici, ô moines, la Noble Vérité sur l'Origine de la Souffrance : c'est la soif de l'existence qui conduit de renaissance en renaissance, accompagnée du plaisir et de la convoitise, qui trouve çà et là son plaisir, la soif du plaisir, la soif de l'existence, la soif de la non-existence. »

« Voici, ô moines, la Noble Vérité sur la Suppression de la Souffrance : l'extinction de cette soif par l'anéantissement complet du désir, en bannissant le désir, en y renonçant, en s'en délivrant, en ne lui laissant pas de place. »

« Voici, ô moines, la Noble Vérité sur le Chemin qui mène à la Suppression de la Souffrance : c'est le Noble Chemin Octuple qui s'appelle Compréhension juste, Intention juste, Parole juste, Action juste, Moyens d'existence justes, Effort juste, Attention juste, Concentration juste. »

Tout l'enseignement bouddhique n'a jamais fait autre chose, au cours des âges, que d'exposer, sous des formes variées plus ou moins développées, les principes énoncés dans les Quatre Nobles Vérités.

Le Sûtra en quarante-deux articles reprend ce thème en une formule simple et lumineuse (art. 31) :

« Depuis que le désir est dans l'homme, la souffrance est née...

Mais s'il n'y a plus de désir, il n'y a plus de souffrance... »

Nous donnons en deuxième partie, avec plusieurs sûtra courts de la tradition ancienne, une traduction inédite d'un autre discours du Bouddha sur ce thème, trouvé dans l'Ekottarâgama conservé en chinois. Une troisième partie apportera une ouverture sur le Mahâyâna ou « Grand Véhicule », courant important du bouddhisme, centré essentiellement sur la voie des bodhisattvas, ces êtres remplis de compassion et d'amour qui ont prononcé le vœu d'atteindre le Suprême Éveil dans le but de conduire tous les êtres à la Délivrance. Quatre textes courts sont présentés, dont deux furent traduits en chinois à l'époque même qui vit apparaître le Sûtra en quarante-deux articles.

Ce petit volume essaie de présenter un florilège de textes – quelques gouttes puisées dans l'immense océan des Écritures bouddhiques chinoises –, dans une traduction française que nous espérons élégante, claire et facile à comprendre.

En le méditant, en s'en imprégnant, en le gardant précieusement dans son cœur, en en vérifiant constamment la doctrine dans la vie quotidienne, il n'est pas douteux qu'on puisse en retirer une grande leçon de sagesse.

Cet enseignement sera plus efficace encore, si l'on ne se contente pas seulement d'une approche intellectuelle, mais qu'on tente aussi de contrôler ses propres pensées. Dans ce but, nous avons ajouté, en quatrième partie, deux exercices de méditation bouddhique. Le premier nous fut transmis oralement par le Vénérable Walpola Râhula, de Ceylan. Quant au second, il fait partie d'un ensemble d'exercices développant ce qu'on appelle « les quatre pensées d'amour illimitées ».

Puissent tous les êtres, par ce livre, s'avancer sur la Voie !

Jean Éracle

PREMIÈRE PARTIE

Le livre de Vérité en quarante-deux articles

Traduit sous les Han Postérieurs (25-220)
par Kâçyapa Mâtanga et Gobharana,
Maîtres des Trois Corbeilles.
(T. 17, 784, p. 722a-724a.)

Introduction

[Les circonstances favorables]

À cette époque, l'Honoré du Monde[1] atteignit le Parfait Éveil[2].

Alors, il se plongea dans la méditation : abandonnant tout désir, il devint calme et silencieux ; s'élevant jusqu'au plus haut degré, il demeura dans la Grande Concentration[3].

Ayant soumis tous les Mâra[4], il pensa qu'il était conforme à la Voie de mettre en mouvement la Roue de la Loi[5] pour le bonheur de tous les êtres.

Dans le Parc des Gazelles[6], par compassion, il s'adressa aux cinq moines[7] et fit tourner la Roue de la Loi des Quatre Vérités[8]. Il montra la Voie et son aboutissement[9].

À la suite de cela, il y eut des moines qui lui exposèrent leurs doutes. Par son enseignement, le Bouddha y mit fin.

L'Honoré du Monde proclama sa doctrine et tous furent conduits à la compréhension. Ils joignirent les mains pour lui rendre hommage et montrer leur accord avec les nobles instructions.

C'est alors que l'Honoré du Monde enseigna le livre de Vérité en quarante-deux articles.

I

[*Les étapes de la réalisation*.]

Le Bouddha dit :
« Quitter les siens et sortir de sa maison pour suivre la Voie, c'est là ce qu'on appelle devenir un religieux[10].
Pratiquer sans arrêt les 250 préceptes, suivre la Voie des Quatre Vérités, s'avancer avec énergie et se purifier complètement, c'est devenir un Saint[11].
Le Saint est capable de s'élever dans les airs, de changer de forme, de prolonger sa vie, de remuer le ciel et la terre[12].
Ensuite, il y a “celui qui ne revient plus[13]”.
“Celui qui ne revient plus”, quand il achève sa vie, traverse en esprit dix-neuf cieux et c'est alors qu'il devient un Saint.
Ensuite, il y a “celui qui ne revient qu'une fois[14]”.
“Celui qui ne revient qu'une fois”, après une seule vie, est capable de devenir un Saint.
Ensuite, il y a “celui qui est entré dans le courant[15]”.
“Celui qui est entré dans le courant” meurt et renaît sept fois. C'est alors qu'il devient Saint.
Celui qui coupe les désirs est comme un homme qui se couperait les quatre membres : il ne peut plus s'en servir. »

II

[*La Nature de Bouddha*.]

Le Bouddha dit[16] :
« Après avoir quitté sa maison, le religieux s'efforce d'anéantir les passions.
Connaissant l'origine de sa propre pensée, il parvient à la Nature profonde de Bouddha[17].
Il comprend qu'être Bouddha, c'est ne pas agir, ne pas se fixer au-dedans, ne pas s'attacher au-dehors, ne pas avoir un cœur lié par la Voie[18].
De même, il n'est pas attaché aux actes, il ne pense pas, n'agit pas, ne se développe pas, ne réalise pas la vacuité, mais, parcourant tous les degrés, c'est naturellement qu'il s'élève jusqu'au sommet[19].
Voilà ce qu'on appelle la Voie. »

III

[*La vie d'un moine*.]

Le Bouddha dit[20] :
« Celui qui se coupe la barbe et les cheveux pour devenir un religieux et recevoir l'enseignement de la Voie, abandonne les richesses du monde et se contente de ce qu'il reçoit en aumône.
Il prend un seul repas au milieu du jour et couche solitaire sous un arbre.
Il est attentif et ne recherche rien d'autre, car c'est désirer avec passion qui rend les hommes vils et ignorants. »

IV

[*Les dix actes défavorables*.]

Le Bouddha dit[21] :
« Comme c'est de dix manières que les êtres font le bien, c'est de dix manières qu'ils font le mal : trois par le corps, quatre par la parole et trois par la pensée.
Les trois maux accomplis par le corps sont le meurtre, le vol et l'impudicité[22].
Les quatre maux accomplis par la parole sont la tromperie, l'injure, la médisance et le vain bavardage[23].
Les trois maux accomplis par la pensée sont l'envie, le mécontentement et l'égarement loin de la vérité en ne croyant pas aux Trois Joyaux[24].
Le disciple qui pratique les cinq préceptes[25] et, sans céder à la torpeur, arrive à réaliser les dix bonnes actions, obtient nécessairement la Voie. »

V

[*Tous nos actes nous reviennent*.]

Le Bouddha dit :
« Celui qui commet beaucoup de fautes et qui, sans les regretter[26], les accumule en son cœur, ses crimes lui reviennent comme les cours d'eau retournent à la mer : ils deviennent tout naturellement larges et profonds.
Faire le mal, ce n'est pas être sage. Renoncer au mal, faire le bien et se purifier complètement de ses fautes, c'est obtenir dès maintenant la Voie. »

VI

[*Le Bouddha répond à la haine par la bonté*.]

Le Bouddha dit :
« Quand les gens stupides cherchent à me faire du mal, j'adopte à leur égard les quatre pensées d'amour illimitées[27], je les aide et les délivre. S'ils redoublent de méchanceté à mon égard, je redouble de bienveillance.
Ainsi, l'un demeure constamment dans un état heureux et bienfaisant, tandis que les autres se contentent de demeurer dans un état de méchanceté et de grandes souffrances. »
Un homme avait entendu dire que le Bouddha gardait toujours un grand amour et une grande bienveillance et que si quelqu'un lui faisait du mal, il répondait par la bonté.
Pour cette raison, il se mit à injurier le Bouddha, mais celui-ci garda son calme et ne montra aucun désagrément. « Cet homme est stupide et sans discernement », pensa-t-il.
Quand les injures s'arrêtèrent, il dit :
« Mon fils, si tu fais un cadeau à un homme et que cet homme ne le reçoit pas, que vas-tu faire de ce cadeau ? »
L'homme répondit : « Le remporter ! »
« Maintenant, mon fils, tu m'adresses des injures. De la même manière, je ne les reçois pas. Mon fils, tu peux toi-même les remporter. Mon fils, le désagrément sera pour toi !
Comme l'écho suit la voix, comme l'ombre court après le corps, ainsi l'on ne peut échapper au fruit de ses propres actes. Prenez garde de faire le mal ! »

VII

[*Nos mauvaises actions nous retombent sur la tête*.]

Le Bouddha dit :
« Le méchant qui fait du tort à un sage est comparable à un homme qui crache vers le ciel : le crachat ne souille pas le ciel, mais le corps de cet homme.

Il est encore comparable à celui qui projette de la poussière contre quelqu'un dans le sens opposé au vent : la poussière ne salit pas l'adversaire, mais celui qui la lance.
Le sage ne pouvant pas être ébranlé, par l'action mauvaise, c'est à soi-même que nécessairement on fait du tort. »

VIII

[*L'amour de bienveillance universel.*]

Le Bouddha dit :
« Ceux qui suivent la voie s'appliquent à l'amour universel.
La vertu de l'amour se déploie comme un long vêtement, elle se déploie très largement. Celui qui garde la pensée de l'amour et reçoit la voie, son bonheur est immense.
Regarder un homme qui suit la Voie, c'est en retirer un secours, en éprouver de la joie. C'est ainsi qu'on obtient le bonheur comme par ricochet. »
Quelqu'un dit : « Ce bonheur ne saurait donc diminuer ? »
Le Bouddha dit : « C'est comme un feu brûlant : si des hommes très nombreux viennent y allumer leur torche et s'en vont ensuite pour cuire leur nourriture, le feu n'est ni divisé ni éteint.
Eh bien ! c'est la même chose avec ce bonheur ! »

IX

[*Les divers champs de mérites.*]

Le Bouddha dit[28] :
« Nourrir 100 hommes ordinaires, ce n'est pas comme nourrir un seul homme de bien.
Nourrir 1 000 hommes de bien, ce n'est pas comme nourrir un seul homme qui tient les cinq préceptes.
Nourrir 10 000 hommes qui tiennent les cinq préceptes, ce n'est pas comme nourrir un seul homme “qui est entré dans le courant”.

Nourrir un million d'hommes "qui sont entrés dans le courant", ce n'est pas comme nourrir un seul homme "qui ne revient qu'une fois".
Nourrir 10 millions d'hommes "qui ne reviennent qu'une fois", ce n'est pas comme nourrir un seul homme "qui ne revient plus".
Nourrir 100 millions d'hommes "qui ne reviennent plus", ce n'est pas comme nourrir un seul Saint.
Nourrir un milliard de Saints, ce n'est pas comme nourrir un seul homme qui s'est éveillé pour lui-même.
Nourrir 10 milliards d'hommes qui se sont éveillés pour eux-mêmes, ce n'est pas comme nourrir un seul homme qui enseigne les Trois Joyaux à ses parents durant sa vie.
Nourrir 100 milliards d'hommes qui enseignent, ce n'est pas comme nourrir un seul Bouddha accompli qui a fait le vœu de devenir Bouddha pour le salut de tous les êtres.
Nourrir un homme de bien est un bonheur très profond et très important. Quand un homme ordinaire fait des offrandes aux esprits du ciel et de la terre, cela ne vaut pas sa piété à l'égard de ses parents. Les parents sont ce qu'il y a de plus divin. »

X

[*Les actions difficiles*.]

Le Bouddha dit[29] :
« Il y a sous le ciel 19 choses difficiles.
C'est difficile de distribuer des vêtements quand on est pauvre.
C'est difficile d'atteindre l'Éveil suprême quand on est riche.
C'est difficile de contrôler sa vie et de ne pas mourir.
C'est difficile de lire les livres du Bouddha.
C'est difficile de rencontrer un Bouddha durant sa vie.
C'est difficile de résister à la beauté et d'abandonner le désir.
C'est difficile de voir quelque chose de bon sans le demander.
C'est difficile de posséder des richesses sans s'y attacher.
C'est difficile de recevoir des outrages sans se mettre en colère.
C'est difficile de s'occuper des affaires sans avoir des soucis.
C'est difficile d'aller au fond des choses quand on veut tout savoir.

C'est difficile de ne pas mépriser les ignorants.
C'est difficile d'anéantir le "Moi Je" vaniteux.
C'est difficile de rencontrer un homme de bien et un sage.
C'est difficile de voir la nature et le chemin de la connaissance.
C'est difficile d'atteindre une position et de s'y maintenir.
C'est difficile d'amener les êtres à conformer leur vie à la Voie.
C'est difficile d'établir son cœur dans la sérénité.
C'est difficile de ne pas affirmer et de ne pas nier. »

XI

[*Nettoyer son miroir*.]

Un religieux demanda au Bouddha :
« Comment peut-on obtenir la Voie ? Par quels moyens peut-on connaître ses vies passées ? »
Le Bouddha répondit :
« La Voie est sans forme. Le savoir n'est donc d'aucune utilité.
Se mettre à s'exercer en se gardant des passions, c'est comme nettoyer un miroir. Quand la saleté s'en va et que l'éclat réapparaît, on peut y voir tout naturellement les formes.
Briser les désirs et se garder vide, c'est être capable de voir la Voie et de connaître ses vies passées[30]. »

XII

[*La clarté de ceux qui suivent la Voie*.]

Le Bouddha dit :
« Qu'est-ce que le bien ? C'est seulement suivre la Voie qui est le bien.
Qu'est-ce que la grandeur ? C'est seulement la résolution de progresser dans la Voie qui est la grandeur.
Qu'est-ce que le grand pouvoir ? C'est endurer les outrages avec une grande fermeté. Endurer sans se plaindre, c'est nécessairement être honoré des hommes.

Qu'est-ce que la suprême clarté ? Celui qui retranche les impuretés de son cœur, anéantit la mauvaise conduite, est intérieurement pur et sans taches, celui qui, même sans connaître les choses qui pullulent dans les dix directions depuis le commencement du monde jusqu'à maintenant, obtient de n'être ni un ignorant, ni un aveugle, ni un sourd, peut-on définir sa clarté[31] ? »

XIII

[*Se purifier complètement*.]

Le Bouddha dit[32] :
« L'homme rempli de crainte et de passions n'est pas capable de suivre la Voie.
Il ressemble à de l'eau trouble où on aurait jeté cinq sortes de couleurs et qu'une force remuerait. Les hommes penchés au-dessus ne pourraient pas voir leur image.
Quand les passions s'entremêlent dans le cœur, on est troublé ; c'est pourquoi, on ne peut voir la Voie.
L'eau purifiée dont on a ôté les saletés est complètement pure et limpide. On peut se voir dans le courant.
De même, quand l'eau se met à bouillir dans une marmite sous laquelle une fournaise est allumée, tous les êtres qui se penchent au-dessus pour s'y regarder ne peuvent contempler leur image.
Quand bouillonnent intérieurement les trois poisons[33] qui naissent du cœur et qu'extérieurement on est couvert par les cinq impuretés[34], on meurt sans la Voie.
Il faut enlever les impuretés du cœur. Alors, on devient sage, et l'esprit, quel que soit le domaine de la naissance et de la mort d'où il vienne, se tourne vers les Terres de Bouddha[35] et, y fixant sa résidence, entend les mérites de la Voie. »

XIV

[*Le flambeau de la Voie*.]

Le Bouddha dit :
« Ceux qui suivent la Voie ressemblent à des hommes qui portent un flambeau et entrent dans une chambre obscure : ils mettent fin à l'obscurité et, tant qu'ils sont là, ils éclairent. En voyant ceux qui marchent vers l'Éveil, les ignorants se mettent à réfléchir : ils mettent fin à leur stupidité et obtiennent la connaissance[36]. »

XV

[*Ne jamais oublier la Voie*.]

Le Bouddha dit[37] :
« Chacune de mes pensées est une pensée sur la Voie.
Chacune de mes actions est une action sur la Voie.
Chacune de mes paroles est une parole sur la Voie.
Je médite sur la Voie et ne l'oublie pas un seul instant. »

XVI

[*L'impermanence de toutes choses*.]

Le Bouddha dit[38] :
« Regardez le ciel et la terre, et pensez : "Ils ne sont pas éternels."
Regardez les montagnes et les rivières, et pensez : "Ils ne sont pas éternels."
Regardez l'apparence des choses, la prospérité et la beauté des corps, et pensez : "Ils ne sont pas éternels."
C'est en gardant de telles pensées que le cœur obtient rapidement la Voie. »

XVII

[*Un bonheur sans mesure*.]

Le Bouddha dit :
« Si chaque jour, d'une manière constante, on médite sur la Voie et qu'on agisse selon la Voie, on réussira à obtenir la racine de la foi[39].
Ce bonheur-là est sans mesure. »

XVIII

[*L'illusion du « moi »*.]

Le Bouddha dit[40] :
« On a l'habitude d'appeler "moi" son propre esprit et les quatre éléments qui sont dans le corps, mais ce n'est là qu'un nom, car tout est en devenir et n'existe pas [vraiment].
Le "moi" vit temporairement : une fois né, il ne dure pas : ce "machin" n'est qu'un tour de magie ! »

XIX

[*La vaine gloire*.]

Le Bouddha dit :
« Celui qui est plein de passions et qui recherche la gloire est comparable à un parfum qui brûle : les êtres respirent cette odeur tant que la fumée du parfum est présente.
Quand l'ignorant s'enflamme lui-même du désir de voir se répandre la réputation de sa vertu, alors qu'il ne garde pas la Voie de Vérité, sa gloire est passagère et il est la cause de son propre malheur. En effet, quand sa gloire s'est éteinte, sa déception demeure. »

XX

[*Le couteau sur la langue*.]

Le Bouddha dit[41] :
« Celui qui est tendu vers la richesse et la beauté ressemble à un petit enfant qui désire un couteau dont la lame est pleine de miel. Comme il n'est pas capable de manger correctement dès la première fois, il se coupe la langue et en éprouve du chagrin. »

XXI

[*La prison des attachements*.]

Le Bouddha dit :
« Celui qui est triste à cause de son attachement à sa femme, à ses enfants, à ses richesses, à sa maison, ressemble à un prisonnier chargé de longues chaînes aux mains et aux pieds. Quand on est en prison, on peut être gracié. Mais quand on est attaché à une femme et à ses enfants, c'est comme si on était tombé dans la gueule du tigre. Comme on s'y jette soi-même d'un cœur léger, on ne peut pas être gracié pour cette faute. »

XXII

[*Le piège du désir amoureux*.]

Le Bouddha dit :
« Il n'y a pas d'amour plus fort que celui d'une belle personne. »
L'amour d'une belle personne ? Il n'y a rien de plus fort, car grâce à lui, on devient un. Il n'y a pas deux amours comme lui : il se répand partout jusqu'au ciel et l'on ne sait pas jusqu'où il peut aller. »

XXIII

[*Ne pas se brûler les mains*.]

Le Bouddha dit :
« Celui qui s'adonne à l'amour est comme un homme qui marcherait contre le vent en tenant un flambeau. S'il est assez stupide pour ne pas lâcher le flambeau, il aura la douleur de se brûler la main.
Tant que demeurent dans le corps de l'homme les trois passions principales de la stupidité, de l'amour et de la haine, il n'est pas possible de suivre la Voie et de supprimer la souffrance.
Nécessairement on est en proie à la peine.
Être ignorant et passionné, c'est comme tenir un flambeau et se brûler la main. »

XXIV

[*Un sac d'ordures*.]

Un dieu présenta une femme ravissante au Bouddha.
Il désirait tenter ainsi le Bouddha afin de voir comment il se comporterait.

Le Bouddha dit :
« Sac plein d'ordures ! que viens-tu faire ici ? Tu peux bien torturer l'homme vulgaire en excitant ses six facultés.
Va-t'en, car moi, je ne me laisserai pas faire ! »
Le dieu s'approcha respectueusement du Bouddha avec l'intention de l'interroger sur la Voie.
Le Bouddha lui apprit à dénouer ses liens et il fut ainsi capable d'atteindre le degré de « ceux qui sont entrés dans le courant ».

XXV

[*Rester au milieu du courant*.]

Le Bouddha dit :
« L'homme qui suit la Voie est comme du bois qui flotte sur l'eau et suit le courant.
S'il ne va pas toucher le rivage à gauche, s'il ne va pas le toucher à droite, si les hommes ne le prennent pas, si les esprits ne le cachent pas, s'il ne remonte pas le courant, s'il ne pourrit pas, il entrera dans l'océan, je m'en porte garant.
Si l'homme qui suit la Voie n'est pas égaré par les passions, s'il n'est pas troublé par les impuretés, s'il va à l'essentiel et n'a aucun doute, il atteindra le but, je m'en porte garant. »

XXVI

[*Ne pas s'attacher à sa propre pensée*.]

Le Bouddha dit aux religieux :
« Faites attention ! Ne vous fiez pas à votre pensée. N'allez pas croire que votre pensée est parfaite.
Faites attention ! Ne faites pas naître l'attachement à une forme quelconque. Quand naît l'attachement à une forme, c'est alors que naît la souffrance. Quand vous serez devenus des Saints, alors vous pourrez vous fier à votre pensée. »

XXVII

[*Le moine et les femmes*.]

Le Bouddha dit aux religieux[42] :
« Soyez prudents : ne regardez pas les femmes !
Si vous en voyez, n'attardez pas sur elles votre regard.
Soyez prudents : ne liez pas conversation avec elles.

Si une conversation s'engage, que votre cœur soit diligent, que votre tenue soit correcte.
Je vous le dis, Religieux : demeurez dans ce monde rempli d'impuretés comme la fleur du lotus blanc qui n'est pas souillée bien qu'elle soit dans la boue.
Comportez-vous envers une femme âgée comme envers une mère ; envers une femme moins âgée comme envers une sœur aînée ; envers une femme plus jeune, comme envers une sœur cadette.
Quant aux jeunes enfants, traitez-les avec respect.
Si vous avez des sentiments différents, mettez-vous à réfléchir et à méditer. Regardez à l'intérieur de vous-mêmes de la tête aux pieds. Ce corps, qu'est-il ? Il vous apparaîtra comme contenant seulement des matières répugnantes. Ainsi vous ferez lâcher prise à ces sentiments[43]. »

XXVIII

[*S'écarter du foin qui brûle*.]

Le Bouddha dit :
« Celui qui suit la Voie s'éloigne des passions.
Quand on voit les herbes en flammes, on s'écarte spontanément du feu.
Celui qui suit la Voie fait de même : dès qu'il aperçoit les passions, aussitôt il s'en écarte. »

XXIX

[*Couper ses désirs*.]

Le Bouddha dit[44] :
« Un homme s'attristait de la persistance de ses désirs impudiques. Il s'accroupit, sortit sa hache et se coupa les organes. Le Bouddha lui dit : "Te couper les organes, ce n'est pas te couper le cœur. C'est dans le cœur que se cache le désir. Si

tu coupes le désir caché, tout s'arrête. Mais si ton cœur est dépravé, à quoi cela sert-il de te couper les organes ?"
Là-dessus, cet homme mourut. Le Bouddha dit alors :
"Les gens grossiers qui voient les choses à l'envers sont comme cet homme stupide." »

XXX

[*La racine du désir*.]

Il y avait une jeune fille impudique à qui un homme avait donné un rendez-vous. Comme il ne vint pas à l'heure, elle se repentit et dit :

> « *Désir, je sais quelle est ta racine.*
> *Tu nais quand on attache à toi sa pensée.*
> *Comme je n'attache plus à toi ma pensée,*
> *Tu ne seras plus capable de naître.* »

Le Bouddha passait par là. Il entendit cela et dit aux religieux :
« Souvenez-vous de ce poème du Bouddha Kâçyapa. C'est par l'usage qu'il a été transmis jusqu'à nous[45]. »

XXXI

[*Apparition et disparition de la crainte*.]

Le Bouddha dit :
« Depuis que le désir est dans l'homme, la souffrance est née.
Depuis qu'il y a la souffrance, la crainte est née.
Mais s'il n'y a plus de désir, il n'y a plus de souffrance.
Et s'il n'y a plus de souffrance, il n'y a plus de crainte. »

XXXII

[*Maîtriser solidement son cœur.*]

Le Bouddha dit :
« Celui qui suit la Voie ressemble à un homme qui se lève seul pour combattre dix mille hommes. Ayant revêtu sa cuirasse et pris ses armes, il sort pour combattre l'ennemi.
Se sentant faible, il a peur et bat en retraite, ou bien, il fait la moitié du chemin et revient, ou bien encore il combat et meurt, ou bien enfin, il remporte une grande victoire et, revenu dans son pays, est placé à un poste important.
Si on est capable de maîtriser solidement son cœur, on ira de l'avant sans hésitation.
En rejetant les propos de l'homme grossier et ignorant, en réduisant à néant le désir, en mettant fin à la douleur, on obtient nécessairement la Voie. »

XXXIII

[*Les cordes de la guitare.*]

Il y avait un religieux qui, tandis qu'il chantait les Sûtra pendant la nuit, en éprouva une grande tristesse. Sa pensée était pleine de regrets et de doutes. En lui était né le désir et il songeait à retourner chez lui.
Le Bouddha le fit appeler et lui demanda :
« Quand tu habitais dans ta maison, qu'y faisais-tu de beau ? »
Il répondit :
« Je passais mon temps à jouer de la guitare. »
Le Bouddha reprit :
« Quand la corde était trop lâche, que se passait-il ? »
Il répondit :
« Cela ne jouait pas !
— Et quand la corde était trop tendue, que se passait-il ?
— Le son était interrompu !
— Et quand la corde n'était ni trop lâche ni trop tendue, mais juste entre les deux, que se passait-il ?
— Les sons étaient d'une grande mélancolie[46] ! »

Le Bouddha dit aux religieux :
« Il en est ainsi avec la Voie de l'Éveil : c'est en accordant son cœur en vue de la Voie qu'on peut l'obtenir[47]. »

XXXIV

[*Le fer que l'on forge.*]

Le Bouddha dit :
« Celui qui suit la Voie ressemble à du fer que l'on forge : on le travaille toujours plus profondément, on en fait disparaître toutes les impuretés afin de réaliser l'ustensile que l'on désire. Quand on suit la Voie, on doit s'exercer profondément à faire disparaître les impuretés du cœur. C'est en s'affinant que l'on progresse et que l'on réalise la Voie.
En usant de violence, on en vient à s'épuiser. Étant épuisé, on en vient à s'irriter. Ayant de l'irritation, on en vient à marcher à reculons. Marchant à reculons, on en vient à multiplier les fautes[48]. »

XXXV

[*Tout le monde connaît la souffrance.*]

Le Bouddha dit :
« À vrai dire, celui qui suit la Voie souffre. À vrai dire, celui qui ne suit pas la Voie souffre[49].
Vraiment, dès que l'on est parvenu à naître jusqu'au moment où l'on est atteint par la maladie et la mort, cette souffrance est sans mesure.
Parce que le cœur s'irrite et entasse les fautes, le Cycle de la naissance et de la mort ne s'arrête pas. Il est bien difficile d'exprimer cette souffrance. »

XXXVI

[*Sept difficultés en cours de route.*]

Le Bouddha dit :
« Il est difficile aux êtres d'abandonner les trois voies mauvaises[50] et d'obtenir la nature humaine.
Quand on a obtenu la nature humaine, il est difficile de rejeter la condition féminine[51] et d'arriver à être un homme.
Quand on est un homme, il est difficile d'avoir les six organes de perception en parfait état.
Quand on a les six organes de perception, il est difficile de naître dans le Pays du Milieu[52].
Quand on habite le Pays du Milieu, il est difficile de recevoir la Loi du Bouddha.
Quand on a reçu la Loi du Bouddha, il est difficile d'avoir un Maître de la Loi, il est difficile de naître dans la famille d'un Bodhisattva.
Quand on est né dans la famille d'un Bodhisattva, il est difficile d'avoir un cœur plein de foi dans les Trois Joyaux et de rencontrer le Bouddha durant sa vie[53]. »

XXXVII

[*La durée de la vie humaine.*]

Le Bouddha demanda à un religieux[54] :
« Quelle est la durée de la vie humaine ? »
Il répondit : « La durée d'un jour ! »
Le Bouddha dit : « Mon fils, tu n'es pas encore capable de suivre la Voie ! »
Il ajouta, en s'adressant à un autre religieux :
« Quelle est la durée de la vie humaine ? »
Il répondit : « Le temps de prendre sa nourriture ! »
Le Bouddha dit : « Mon fils, tu n'es pas encore capable de suivre la Voie ! »
Il ajouta, en s'adressant à un autre religieux :
« Quelle est la durée de la vie humaine ? »
Il répondit : « Le temps d'un aspir et d'un expir ! »
Le Bouddha dit : « Bien dit, mon fils ! On peut dire que tu suis la Voie ! »

XXXVIII

[*Comment demeurer près du Bouddha*.]

Le Bouddha dit[55] :
« Jeunes gens, quand bien même vous seriez séparés de moi par mille stades, si vous méditez sur moi et gardez les préceptes, vous obtiendrez nécessairement la Voie.
En vérité, demeurer près de moi et ne pas pratiquer, cela ne sert à rien, même si on partage tous ses biens. »

XXXIX

[*La douceur du miel*.]

Le Bouddha dit :
« Pour celui qui suit la Voie, recevoir mes enseignements, c'est comme manger du miel, qui est entièrement doux au-dehors et au-dedans.
Mes enseignements sont vrais et tout remplis de joie. Les mettre en pratique, c'est obtenir la Voie. »

XL

[*Défaire son collier*.]

Le Bouddha dit :
« Celui qui suit la Voie s'efforce d'arracher les passions. Il ressemble à un homme qui défait un collier de perles. C'est quand il a enlevé les perles l'une après l'autre que le collier a disparu.
De même, quand le mal est épuisé, on obtient la Voie. »

XLI

[*Sortir du marais*.]

Le Bouddha dit :
« Les religieux qui suivent la Voie sont comparables à un bœuf qui patauge dans un marais profond. À bout de force, à la dernière extrémité, il n'ose regarder ni à droite, ni à gauche. Alors, dans le désir du bien-être, il quitte le marais afin de reprendre des forces et se reposer.
C'est ainsi que les religieux considèrent les passions :
"Qu'est-ce que je fais dans ce marais ?" Alors, d'un cœur sincère, ils méditent sur la Voie et peuvent échapper à toutes les souffrances. »

XLII

[*Comment le Bouddha voit les choses*.]

Le Bouddha dit[56] :
« Je considère les gens haut placés comme des hôtes de passage.
Je considère les trésors de pierres précieuses et d'or comme des tas de cailloux.
Je considère les étoffes de soie ou de fine laine comme de vieux chiffons.
Je considère ce grand millier de mondes comme un fruit méprisable.
Je considère les quatre grands océans comme de la boue où l'on patauge.
Je considère les moyens de salut comme un radeau chargé de pierres précieuses.
Je considère le Véhicule insurpassable[57] comme l'or et la soie d'un rêve.
Je considère la recherche de la Voie du Bouddha comme des fleurs placées devant le regard[58].
Je considère la recherche de la concentration comme une colonne du Mont Soumérou[59].

Je considère la recherche du Nirvâna comme de veiller jour et nuit[60].
Je considère le vrai et le faux comme la pantomime des Six Dragons[61].
Je considère le degré de la Sérénité comme l'unique terre véritable[62].
Je considère le commencement et la fin comme l'arbre des quatre saisons[63]. »

Conclusion

Les grands moines, ayant entendu l'enseignement du Bouddha, furent remplis de joie et manifestèrent leur assentiment.

Le livre de Vérité en quarante-deux articles

DEUXIÈME PARTIE

Quelques petits Sûtra de la tradition ancienne

(traduits et annotés par Jean Éracle)

I

[*Les Quatre Vérités*.]

Ekottarâgamasûtra[64]

Traduit sous les Tsin Orientaux (317-420) par Gautama Sanghadeva, maître des Trois Corbeilles, de Parthie.
(T. II, ch. 125,1, p. 631a-b)

Entendu tel quel.
Une fois, le Bouddha demeurait à Çrâvastî, au bosquet de Jeta, dans le jardin d'Anâthapindada.
Alors, l'Honoré du Monde dit aux moines :
« Vous devez pratiquer la doctrine des Quatre Vérités.
Quelles sont ces quatre ?
1. La Vérité sur la Souffrance : son sens est inépuisable, son sens est sans limites ; parler de ce sujet n'a pas de fin.
2. La Vérité sur l'Origine de la Souffrance : son sens est inépuisable, son sens est sans limites ; parler de ce sujet n'a pas de fin.
3. La Vérité sur l'Épuisement de la Souffrance : son sens est inépuisable, son sens est sans limites ; parler de ce sujet n'a pas de fin.
4. La Vérité sur le Moyen de sortir de la Souffrance : son sens est inépuisable, son sens est sans limites ; parler de ce sujet n'a pas de fin.

Qu'appelle-t-on la Vérité sur la Souffrance ?
Voici la Vérité sur la Souffrance.
La naissance est souffrance ; la vieillesse est souffrance ; la maladie est souffrance ; la mort est souffrance ; le chagrin, l'affliction et l'aversion sont souffrance ; être uni à ce qu'on déteste est souffrance ; être séparé de ce qu'on aime est souf-

france ; ne pas obtenir ce qu'on désire est souffrance ; les cinq agrégats[65] englobant tout ce qu'on saisit, tout ce qu'on veut et tout ce qu'on dit sont souffrance.
Voilà ce qu'on appelle la Vérité sur la Souffrance !

Et qu'appelle-t-on la Vérité sur l'Origine de la Souffrance ?
Voici la Vérité sur l'Origine de la Souffrance :
C'est l'enchevêtrement des désirs et des attachements dont l'esprit subit sans arrêt les imprégnations.
Voici ce qu'on appelle la Vérité sur l'Origine de la Souffrance !

Et qu'appelle-t-on la Vérité sur l'Épuisement de la Souffrance ?
Voici la Vérité sur l'Épuisement de la Souffrance :
Les désirs et les attachements sont à jamais épuisés : il n'en reste rien et ils ne réapparaîtront plus.
Voilà ce qu'on appelle la Vérité sur l'Épuisement de la Souffrance !

Et qu'appelle-t-on la Vérité sur le Moyen de sortir de la Souffrance ?
Voici la Vérité sur le Moyen de sortir de la Souffrance :
C'est le chemin à huit branches des Sages et des Saints, à savoir :

1. La Vue correcte ;
2. L'Orientation correcte ;
3. La Parole correcte ;
4. La Conduite correcte ;
5. La Vie correcte ;
6. La Détermination correcte ;
7. L'Attention correcte.
8. La Concentration correcte.

Voilà ce qu'on appelle la Vérité sur le Moyen de sortir de la Souffrance !
Ça, c'est vrai, ce n'est pas un mensonge !
Tout ce que dit l'Honoré du Monde est vrai !
Tous les êtres vivants, qu'ils aient deux pieds, trois pieds, quatre pieds ou plus, qu'ils soient passionnés ou non, qu'ils soient corporels ou non, qu'ils soient spirituels ou non, le Réalisé leur est extrêmement supérieur : c'est lui qui a réalisé ces quatre vérités ; voilà pourquoi on les appelle les Quatre Vérités !
Et c'est justement pourquoi, moines, tant qu'on n'a pas réalisé ces Quatre Vérités, on n'est ni sage, ni éveillé et l'on croupit

longtemps dans les cinq destinées au sein de la roue tournante des naissances et des morts.

Moi, maintenant, en découvrant ces Quatre Vérités, j'ai réalisé ce but : passer de cette rive-ci à cette rive-là, et j'ai coupé à la base les racines des naissances et des morts : sachez-le bien : désormais, je ne recevrai plus de nouvelle existence. »

Alors, l'Honoré du Monde récita ces strophes :
1. « Maintenant, il y a la doctrine des Quatre Vérités :
Tant qu'on n'en reconnaît pas la réalité,
On tourne dans la roue des naissances et des morts,
Et la délivrance n'est pas là.
2. Comme maintenant, il y a les Quatre Vérités,
Si on les connaît et les comprend clairement,
On coupe les racines des naissances et des morts
Et l'on n'a plus à recevoir de nouvelle existence. »

« Si, parmi les membres des Quatre Assemblées[66], il y en a qui n'arrivent pas à connaître et comprendre ces vérités, ils tomberont encore dans les cinq destinées. C'est pourquoi, moines, il vous faut prendre les moyens pour réaliser ces Quatre Vérités. Oui ! moines, vous devez vous mettre à les étudier ! »
Alors les moines, ayant entendu ce que le Bouddha avait dit, furent remplis de joie ; le recevant avec respect, ils le mirent en pratique.

II

[*Parabole du cheval royal.*]

Samyuktâgamasûtra[67]

Traduit sous les Liou-Song (ve siècle) par le Maître Gunabhadra
(T. II, 99, n° 921, p. 234a)

Ainsi ai-je entendu.
Une fois, le Bouddha demeurait à Râjagriha, dans le jardin des bambous de Karanda.

Alors, l'Honoré du Monde dit aux moines :
« En ce monde, il y a un excellent cheval doué de quatre qualités. Il faut savoir que c'est un tel cheval que le roi attelle à son char.
Quelles sont ces quatre ?
Il est bien fait, rapide, endurant et docile.
De même, si un fils de bonne famille est accompli en quatre qualités, il est digne, en cette vie même, qu'on le traite avec respect et qu'on lui fasse des offrandes de nourritures : il est devenu en effet un suprême champ de mérites.
Quelles sont ces quatre ?
Nommément :
[1] il est doté de la Conduite des Réalisés[68] ;
[2] il est doté du Recueillement des Réalisés ;
[3] il est doté de la Sagesse des Réalisés ;
[4] il est doté de la Délivrance des Réalisés[69]. »
Quand le Bouddha eut fini d'exposer ce sûtra, les moines, ayant entendu ce que le Bouddha avait dit, le reçurent avec joie et le mirent en pratique.

III

[*Les Cinq Grands Dons*.]

Mahâsamnipatasûtra[70]

Traduit sous les Song par Dânapâla et son équipe[71]
(T. 16, 706, p. 813 b-c)

Le Bienheureux Bouddha demeurait une fois à Çrâvasti, au bosquet de Jeta, dans le jardin d'Anâthapindada avec une foule de moines.
Le Bouddha dit [alors] aux moines :
« Il y a cinq sortes de grands dons que je vais tout de suite vous exposer.
Quels sont ces cinq [Grands Dons] ? Les voici :

1° ne pas tuer les êtres vivants ; cela est un grand don ;
2° ne pas voler ;
3° ne pas être adultère ;
4° ne pas dire des mensonges ;
5° ne pas absorber de boissons fermentées ;

Ce sont là de grands dons.
Pourquoi vous dis-je cela : tenir la pratique de ne pas tuer s'appelle aussi un grand don ?
Parce qu'en ne tuant pas, on peut communiquer à d'innombrables êtres vivants l'absence de crainte à cet égard.
À cause de cette absence de crainte, il n'y a plus ni rancune, ni haine, ni chagrin. Et parce que cela n'est pas, on obtient l'absence de dissensions.
Et s'il n'y a plus ni rancune, ni haine, ni chagrin, parmi tous les humains jusqu'en haut dans le ciel, s'établissent la Paix, la Tranquillité et le Bonheur.
Voilà pourquoi ne pas tuer s'appelle faire un grand don !
Ne pas voler, ne pas être adultère, ne pas dire des mensonges, ne pas absorber des boissons fermentées, [avec cela] c'est du pareil au même ! »
Sûtra des paroles du Bouddha sur les cinq grands dons.

IV

[*L'accumulation des mérites*.]

Samyuktâgamasûtra

Traduit sous les Liou-Song (Ve siècle)
par le Maître indien des Trois Corbeilles Gunabhadra
(T. II, 99, 1362, p. 373b)

Ainsi ai-je entendu.
Une fois, le Bouddha demeurait à Çrâvastî, au bosquet de Jeta, dans le jardin d'Anâthapindada.
Alors, il y avait, établi parmi les gens du Kosala, un moine étranger qui résidait dans un bois.
En même temps se trouvait là un esprit divin.
Comme il observait des pigeons, il prononça ce poème :

« Les pigeons s'emploient à remplir leur gésier
Avec toutes sortes de graines de chanvre et de riz ;
Ils vont au sommet des arbres sur la colline

Et là, tout en haut, ils se désignent une cavité.
Alors, si du ciel tombe la pluie,
Ils ont, en toute sécurité, un gîte avec le boire et le manger. »

Là-dessus, ce moine fit cette réflexion :
« Ça, c'est en vue de mon éveil ! »
Aussitôt, il prononça ce poème :

« C'est un principe : l'homme ordinaire qui accumule des mérites
Et rend hommage aux Trois Joyaux,
Au moment de la mort, quand le corps se désagrège,
Reçoit en son esprit la Paix et le Bonheur[72]. »
Quand ce moine eut fini d'énoncer ce poème, il s'employa désormais exclusivement à l'Éveil et ne pensa plus qu'à cela.
Il écarta toutes les passions et obtint d'être un Saint.

V

[*Un disciple exemplaire*.]

Samyuktâgamasûtra

Le nom du traducteur est perdu, mais il est rangé actuellement dans le catalogue des T'sin (IIIe-IVe siècles).
(T. II, 100, 155, p. 432b)

Ainsi ai-je entendu :
Une fois, le Bouddha demeurait à Kapilavastu, dans la forêt des banians.
Alors, le Çâkya Mahânâman[73] se rendit là où demeurait le Bouddha. S'étant prosterné aux pieds du Bouddha, il s'écarta et s'assit sur le côté. Il s'adressa ensuite au Bouddha et lui dit :
« Honoré du Monde ! ces gens de Kapilavastu sont brillants et prospères, pacifiques et discrets, polis et joyeux.
Or, chaque fois que je me trouve au milieu d'eux, je me dis toujours en moi-même : s'il y a un éléphant furieux, un char sans contrôle, un cheval qui s'emballe ou un piéton marchant

avec précipitation qui fonce sur moi, à cet instant, je vais perdre le souvenir du Bouddha, perdre le souvenir de son Enseignement ou perdre le souvenir de sa Communauté. »
De nouveau, je me dis en moi-même : « Si je perds le souvenir des Trois Joyaux et que ce soit le moment de ma mort, en quelle demeure irai-je renaître ? En quelle destinée pénétrerai-je ? Quel fruit et quelle rétribution recevrai-je ? »
Le Bouddha répondit :
« N'aie pas peur ! Après ta mort, tu renaîtras dans une bonne demeure, tu ne tomberas pas dans une mauvaise destinée et ne recevras pas une mauvaise rétribution !
C'est comme un grand arbre, né depuis longtemps et qui, depuis lors, s'est toujours incliné vers l'est ; si on le coupe à la hache, dans quelle direction ira-t-il tomber ensuite ? Tu sais bien que cet arbre tombera nécessairement en direction de l'est. Avec toi, c'est pareil ! Longuement pendant la nuit, tu cultives le bien [en méditant sur les Trois Joyaux]. Si tu tombais dans une mauvaise destinée et recevais une mauvaise rétribution, ce ne serait pas ta demeure ! »
Alors le Çâkya Mahânâman, ayant entendu ce que le Bouddha avait dit, se prosterna aux pieds du Bouddha et se retira du lieu où il résidait.
Quant aux moines, ayant entendu ce que le Bouddha avait dit, ils le reçurent avec joie et le mirent en pratique.

VI

[*Les trois Inépuisables*.]

Ekottarâgamasûtra

(T. II, 125, 22, 2, p. 607a-b)

Appris tel quel.
Une fois, le Bouddha demeurait à Çrâvasti, au bosquet de Jeta, dans le jardin d'Anâthapindada.
Alors, l'Honoré du Monde dit à Ananda :
« Il y a trois racines de bien qui sont inépuisables et font peu à peu atteindre le domaine du Nirvâna.
Quelles sont ces trois ?

Nommément :
1° Le mérite que tu sèmes dans [le champ] du Tathâgata : cette racine de bien est inépuisable.
2° Le mérite que tu sèmes dans [le champ] de la Bonne Loi : cette racine de bien est inépuisable.
3° Le mérite que tu sèmes dans [le champ] de l'Assemblée des Nobles Êtres : cette racine de bien est inépuisable.
Voilà, Ananda, ces trois racines de bien qui sont inépuisables et font obtenir pour finir le domaine du Nirvâna.
En conséquence, Ananda, tu dois rechercher le moyen de recevoir ces mérites qui sont inépuisables.
Oui, Ananda, c'est cela que tu dois étudier. »
Quand Ananda eut entendu ce que le Bouddha lui avait dit, il fut rempli de joie : il salua et s'en alla.

VII

[*Les quatre voies célestes*.]

Samyuktâgamasûtra

(T. II, 99, 850, p. 317a)

Ainsi ai-je entendu.
Une fois le Bouddha demeurait à Çrâvasti, au bosquet de Jeta, dans le jardin d'Anâthapindada.
Alors, le Bouddha dit aux moines :
« Il y a quatre voies divines et célestes qui rendent purs les êtres vivants qui ne sont pas encore purs et augmentent la pureté de ceux qui sont déjà purs.
Quelles sont ces quatre ?
[D'abord] celle-ci :
Le Noble Disciple se rappelle les qualités du Réalisé : "Tel est ce Réalisé : un Arhat, un Parfait Tout-Éveillé, Doué de savoir et de pratique, Bienvenu, Connaisseur du Monde, Sans Supérieur, Dompteur des hommes à dompter, instructeur des dieux et des hommes, un Bouddha Bienheureux."
Se rappelant dans son cœur les qualités du Réalisé, ce Noble Disciple empêche la convoitise, il empêche la colère et la sottise : quand il se rappelle les qualités du Réalisé, son cœur est

droit et sincère : il obtient l'eau vive du Dharma, il obtient l'eau vive de la droiture, il obtient de penser au Réalisé toujours davantage et il gagne la joie qui en découle.
Avec la joie qui en découle, il lui naît le contentement ; avec le contentement, c'est aussi son corps qui se calme ; quand il est calme en son corps, il sait qu'il reçoit le bonheur ; sachant qu'il reçoit le bonheur, il demeure dans le recueillement ; [enfin], demeurant dans le recueillement, ce Noble Disciple atteint la Sagesse.
Voilà donc l'une des voies divines et célestes.

De nouveau, il a cette pensée : "J'ai appris que c'est l'absence de haine qui est la voie divine et céleste supérieure : dès aujourd'hui et dans mes vies futures, je ne ferai pas se lever la haine, je m'en purifierai totalement."
Quelles sont les autres voies divines et célestes ?
Elles consistent à se rappeler les qualités de la Loi, les qualités de la Communauté et celles des Nobles Préceptes, comme je vous les ai enseignées. »
Quand le Bouddha eut dit ce sûtra, les moines ayant entendu ce que le Bouddha avait dit, le reçurent avec joie et le mirent en pratique.

VIII

[*Les Dix Appellations*.]

Mahâsamnipatasûtra

Traduit [entre 960 et 987] par T'ien si tsai, du Bureau Impérial de traduction des écritures bouddhiques venues de l'Inde[74].
(T, 17, 782, p.719c-720b)

[Le Bouddha dit : « Celui qui se souvient du Bouddha doit penser[75]. »]
« C'est un Réalisé, un Saint, un Parfaitement Tout-éveillé, Doué de savoir et de pratique, Bien-allé, Connaisseur du Monde, Insurpassable Maître, Éducateur des humains à former, Instructeur des dieux et des hommes, un Bouddha, Honoré du Monde. »

Ananda demanda :
« Pourquoi [l'appelle-t-on] "Réalisé" ? »
Le Bouddha répondit au moine :
« Jadis, dans l'état causal qui fit de moi un bodhisattva[76], je m'exerçai en de nombreuses pratiques en vue d'atteindre le Parfait Éveil.
Aujourd'hui, j'ai obtenu en plénitude la réalisation de l'Éveil et du Nirvâna : ce que j'ai ainsi réalisé le fut au moyen du Noble Chemin en huit branches : la Vision correcte et la suite.
Et c'est parce qu'en contrôlant mes passions, j'ai atteint le Nirvâna comme l'ont réalisé tous les Parfaitement-éveillés du passé, qu'on m'appelle "l'Ainsi-allé", le "Réalisé"[77]. »

[Question :]
« Pourquoi l'appellation de "Saint[78]" ? »
Le Bouddha dit :
« Jadis, comme je me trouvais dans mon état causal, j'ai progressé dans la Bonne Loi en respectant toujours les règles de la discipline : au moyen des dix racines de bien[79], j'ai progressé sans cesse et je me suis développé en plénitude jusqu'à l'état final ; réalisant le Nirvâna, j'ai anéanti toutes les passions et rendu purs et sans taches mon corps, ma parole et mon esprit.
J'ai à jamais détruit les passions comme un palmier qu'on aurait complètement coupé, afin qu'il ne pousse jamais plus.
De plus, parce que j'ai épuisé les passions de la convoitise, de la colère et de la sottise, je n'aurai plus jamais à renaître dans aucune des destinées ; j'ai passé au-delà des quatre afflictions de la naissance, de la vieillesse, de la maladie et de la mort, de tout comportement ayant pour fruit la souffrance et de la dualité liée au doute. En conséquence, je ne renaîtrai jamais plus : dès lors, je suis un Saint (litt. Digne d'être honoré).
En outre, je me suis arrangé pour que tout ce qu'il y a en ce monde-ci de vêtements, de lits, de nourritures, de boissons, de potions, de médicaments, de bannières, de parasols, de joyaux, de parfums, de lampes et de fruits, ainsi que tous les objets bien supérieurs qui se trouvent chez les dieux soient offerts aux bouddhas ; ce faisant, j'ai mérité des biens très supérieurs, la noblesse et la bonne fortune : voilà pourquoi on m'appelle "Digne d'être honoré, un Saint". »

[Question :]
« Pourquoi cette appellation de "Parfaitement Tout-éveillé" ? »
Le Bouddha répondit :

« Le Réalisé est doté de toutes les connaissances : en tous les domaines, il possède un savoir achevé.
Il connaît les quatre domaines de l'Attention[80], les quatre Efforts corrects[81], les quatre bases des Pouvoirs[82], les cinq Facultés[83], les cinq Forces[84], les sept membres de l'Éveil[85], les huit branches du Chemin[86], les douze Causes interdépendantes[87] et les quatre Nobles Vérités.
Grâce à de tels enseignements, il ouvre également à la connaissance tous les êtres vivants : il agit en sorte que se lève en eux la sagesse, il dissipe leurs doutes et les conduit au fruit des "Entrés dans le courant", au fruit de "Ceux qui ne reviennent qu'une fois", au fruit de "Ceux qui ne reviennent plus", au fruit de "Ceux qui sont dignes d'être honorés", les Saints, les aidant à se munir des trois Savoirs[88] et des six Pouvoirs[89].
De plus, tournant ses aspirations vers le Grand Véhicule, il a parcouru les dix étapes de sa mise en pratique, s'est exercé à épuiser [les causes de la renaissance] et [pour finir] est parvenu au Suprême Éveil.
À cause de cela, on l'appelle le "Parfaitement Tout-éveillé". »

[Question :]
« Pourquoi dit-on qu'il est "Doué de savoir et de pratique" ? »
Le Bouddha dit :
« Son savoir est celui de l'œil divin, celui de la connaissance de ses vies antérieures, celui de la perception de l'épuisement en lui-même de toutes les causes de la renaissance.
Il est "Doué de pratique", parce que pour lui, le Réalisé, les actes du corps, de la parole et de l'esprit sont devenus pratiques du bien, purs et complètement vrais.
Par exemple, quand [il s'avance] avec son grand manteau et son bol, on dirait le Souverain céleste ; pourtant, il n'y a en lui aucun orgueil : par le simple pouvoir de son souhait, tout ce qu'il entreprend se réalise à la perfection.
Voilà pourquoi on dit qu'il est "Doué de savoir et de pratique". »

[Question :]
« Pourquoi l'appelle-t-on le "Bien-allé[90]" ? »
Le Bouddha dit :
« Bien-aller, c'est se rendre aussitôt et merveilleusement là où on a l'intention d'aller.
On ne peut pas dire que les êtres vivants sont des "Bien-allés", car ce qui les dirige, c'est la convoitise, la colère et la sottise.
Mais le Réalisé, lui, grâce à son authentique sagesse, peut

rejeter toute hésitation : étant apparu merveilleusement dans le monde, il a été capable d'aller jusqu'au fruit de la bouddhéité : c'est pourquoi on l'appelle “Bien-allé”. »

[Question :]
« Pourquoi “Connaisseur du Monde Insurpassable Maître” ? »
Le Bouddha dit :
« Par “Monde”, on entend les êtres vivants du Monde du Désir, du Monde de la Forme et du Monde du Sans-forme, y compris les enfers, les revenants faméliques et les animaux, tous ceux qui sont dotés de l'agrégat de la matière, de l'agrégat des sensations, de l'agrégat des perceptions, de l'agrégat des formations mentales, de l'agrégat de la conscience, tous ceux qui sont dotés de l'organe de l'œil, de l'organe de l'oreille, de l'organe du nez, de l'organe de la langue, de l'organe du corps, de l'organe du mental et de tous les objets des six consciences. Voilà ce qu'on entend par “Monde” ! Comme le Tout-éveillé les connaît tels qu'ils sont, on l'appelle “Connaisseur du Monde”.
De plus, parmi tout ce qui, dans ce monde, a deux pieds, quatre pieds, de nombreux pieds ou pas de pied du tout, et aussi les dieux des Mondes du Désir et de la Forme, qu'ils soient dotés de perceptions ou sans perceptions ou encore à la fois doués de perceptions ou privés de perceptions, qu'ils soient des êtres ordinaires ou de Nobles Êtres[91], parmi tous ces êtres vivants, seul le Bouddha est [vraiment] le Premier, Suprême et Sans égal.
Voilà pourquoi on l'appelle “Insurpassable Maître” ! »

[Question :]
« Pourquoi l'appelle-t-on “Éducateur des humains à former[92]” ? »
Le Bouddha répondit :
« Le Bouddha est un grand homme : de plus, il est capable de discipliner les deux catégories d'êtres : ceux qui font le bien et ceux qui font le mal.
Ces derniers font surgir des actions mauvaises sur les trois plans et en conséquence de tout ce mal, ils tombent dans les enfers, chez les revenants faméliques ou chez les animaux, et d'autre part, ils obtiennent de mauvaises rétributions.
Quant aux bons, c'est sur les plans du corps, de la parole et de l'esprit qu'ils développent une foule de bonnes actions et

qu'ils obtiennent, comme fruit de leurs mérites, les [destinées] humaines et divines.
Tous ceux-là, qu'ils soient bons ou mauvais, sont devenus tels à cause de leurs propres pensées.
Le Bouddha, cependant, a pour premier objectif qu'ils fassent le bien et [pour finir] qu'ils atteignent le Nirvâna. Alors, par de nombreux enseignements, il les discipline et les amène à détruire toutes les impuretés, les conduisant à la suprême tranquillité et à la délivrance du Nirvâna.
C'est pourquoi il mérite le titre d'"Éducateur des humains à former". »

[Question :]
« Pourquoi l'appeler encore "Instructeur des dieux et des hommes" ? »
Le Bouddha répondit :
« Ne t'excite pas, Ananda ! Le premier des moines devient leur instructeur !
Or, les moines, les nonnes, les adeptes hommes et femmes et aussi les êtres du monde des dieux et des hommes, les religieux et les prêtres, le Roi Mâra et les croyants des autres religions, Indra, Brâhma, les Dragons et tous les dieux, tous prennent refuge en lui, reçoivent avec respect son enseignement, le mettent en pratique et deviennent "fils du Bouddha".
C'est pourquoi on l'appelle "Instructeur des dieux et des hommes". »

[Question :]
« Pourquoi l'appelle-t-on "Bouddha" ?
Il est doté de la sagesse et de l'omniscience des Tout-éveillés, c'est pourquoi, [je pense,] on l'appelle "Bouddha" (l'Éveillé) !»
Le Bouddha dit à Ananda :
« Jadis, alors que je me livrais à mes pratiques habituelles, il y eut un prêtre qui vint me poser cette question : "Pourquoi, alors que tes père et mère t'ont donné un nom, on t'appelle Bouddha" ? »
Moi, le Bouddha, je lui ai répondu : « Ce que sait l'homme du commun, je le sais clairement ; ce que l'homme du commun contemple, je suis aussi capable de le contempler et ce qu'il arrive à éteindre, je l'ai éteint.
En effet, depuis des âges incalculables, au moyen de pratiques multiples et variées, j'ai balayé les poussières et nettoyé les

souillures, et maintenant, j'ai atteint le Suprême Éveil, c'est pourquoi on m'appelle "le Bouddha." »

[Question :]
« Pourquoi "Honoré du Monde" ? »
Le Bouddha dit :
« Alors que j'étais en mon état causal, je me livrais à l'étude, j'observais avec attention et je fis la découverte de la Bonne Loi, à savoir : la Loi des Préceptes (*Çila*), la Loi du Recueillement (*Samâdhi*) et la Loi de la Sagesse (*Prajñâ*).
De même, j'étudiai la Loi de ce qui n'est pas bien : la loi de la convoitise et les autres (celles de la colère et de la sottise).
Dès lors, je fus en mesure d'inviter tous les êtres vivants à mettre fin aux souffrances : au moyen d'une sagesse sans failles, on anéantit les passions et on atteint le Suprême Éveil.
À cause de cela, les dieux et les hommes, les êtres ordinaires aussi bien que les êtres saints, ceux qui sont sortis du monde (les moines) aussi bien que ceux qui y sont restés (les laïcs) tiennent tous à m'honorer.
Voilà pourquoi on m'appelle "Honoré du Monde". »

Sûtra des paroles du Bouddha sur les Dix Appellations

TROISIÈME PARTIE

Quelques textes du Mahâyâna

Préface

En lisant les textes précédents, on aura remarqué que le Bouddha a décrit trois voies conduisant à l'Éveil (*Bodhi*) et au *Nirvâna*.

Deux de ces voies sont centrées sur la réalisation individuelle : il s'agit de la voie des « disciples » ou « auditeurs » (*çrâvaka-yâna*), qui tend à faire obtenir quatre fruits en suivant l'enseignement d'un bouddha accompli, et la voie des « bouddha-pour-soi » ou « bouddhas individuels » (*pratyeka buddha-yâna*), qui commence par l'obtention des deux premiers fruits et achève le Chemin par la découverte personnelle à une époque où l'enseignement d'un bouddha accompli a disparu.

La 3e voie est celle des bouddhas parfaitement accomplis (*samyak-sambuddha*) : celle-ci est la plus longue et ceux qui s'engagent sur elle, les bodhisattvas, formulent de grands vœux en présence de bouddhas accomplis qui leur prédisent leur future réalisation : ces vœux expriment leur ardent désir d'Éveil (*Bodhicitta*) en vue de pouvoir conduire tous les êtres vivants à la Délivrance et impliquent pour cela l'accumulation de mérites et de savoir en pratiquant un certain nombre de vertus et perfections (*parâmitâ*).

L'ampleur de vue de cet idéal qui englobe tous les êtres a suggéré l'appellation de « Grand Véhicule » ou *Mahâyâna* donnée peu à peu à cette 3e voie. En conséquence, les deux autres voies ont reçu le nom de « Petit Véhicule » ou *Hînayâna*.

Les anciennes écoles du bouddhisme, dont celle du *Theravâda*, connaissent les trois voies et ne méritent pas d'être appelées « Écoles du Petit Véhicule », en dépit de ce qu'ont pu écrire certains érudits au cours de l'histoire jusqu'à l'époque moderne.

Quoi qu'il en soit, c'est sur les enseignements de base du Bouddha et singulièrement sur ceux décrivant la carrière de

Çâkya-Muni, que se sont élaborés les sûtra « développés » du *Mahâyâna*, lesquels donnèrent naissance aux diverses écoles portant ce nom.

Nous avons eu l'idée de compléter les enseignements des textes qu'on aura pu lire jusqu'ici et qui émanent de la tradition sanscrite des anciennes écoles par quelques documents appartenant aux *Mahâyâna*.

Le premier sûtra qu'on pourra lire donne une idée des buts recherchés par les bodhisattvas : cela apparaît dans la question posée au Bouddha par Maitreya et dans les vertus qu'ils doivent pratiquer, sujet traité par la réponse du Maître.

Nous avons choisi ce texte, parce que sa traduction chinoise remonte à l'époque Han comme celle du Sûtra en quarante-deux articles et parce qu'elle reflète un état du *Mahâyâna* où la liste des perfections des bodhisattvas n'est pas encore fixée.

Le deuxième texte appartient à l'immense littérature de la « Grande Perfection de la Sagesse » (*Mahâ-Prajñâ-Parâmitâ*) : il s'agit d'une série de stances en deux chapitres, les deux premiers d'une série de trente-deux.

Ces deux chapitres correspondent aux deux premiers du « Sûtra de la Grande Perfection de la Sagesse en 8 000 versets », texte en prose que l'on soupçonne d'être le noyau initial, remontant au IIe siècle avant notre ère, de toute la littérature *Prajñâ*.

Le troisième texte est également un sûtra en vers dont la traduction chinoise remonte à l'époque Han. Il constitue la nouvelle édition revue et corrigée, d'une traduction plus ancienne remontant peut-être au Ier siècle de notre ère et aujourd'hui disparue.

Ces stances semblent constituer un résumé destiné à la mémorisation, d'un sûtra consacré à la Terre Pure du Bouddha de la Lumière et de la Vie infinies (Amitâbha-Amitâyus). En fait, en dépit du titre plus tardif, les stances, par deux fois, nomment ce Bouddha « Sans-mesures » ou « Infini », ce qui correspond bien au sanscrit *amita* du titre et inclut les deux connotations de lumière et de vie.

Le texte propose d'aller naître dans un monde merveilleux appelé « Pureté » en réponse au vœu en vingt-quatre articles émis par le Bouddha « Sans mesures » à l'époque où il était un bodhisattva, le moine Dharmâkara. La méthode préconisée n'est autre que le « souvenir du Bouddha » et de son vœu, une pensée de foi libérée du doute sous-tendant cette pratique.

Nous donnons en quatrième position le texte du Vœu en vingt-quatre articles que l'on trouve dans la version dite « Han » du Grand Sûtra de la Terre Pure, la plus proche de nos stances.

I

Sûtra développé du Mahâyâna enseigné par le Bouddha sur l'obtention de la Sagesse.

Traduit sous les Han Postérieurs
Par le Maître en Tripitaka de Parthie An-shi-gao (entre 147 et 170).
(T. XII, 348, p. 186b)

Entendu tel quel.
Une fois, le Bouddha voyageait au Pays de Çrâvasti.
Le Bodhisattva Maitreya joignit les mains et s'adressa au Bouddha en disant :
« Honoré du Monde ! J'aimerais te poser une question : si l'Honoré du Monde prêtait attention à ma question et voulait bien ensuite me répondre ! »
Le Bouddha dit :
« Si tu as quelque doute, il te faut m'interroger et je t'enseignerai à fond, de sorte qu'en ton esprit, tu sois satisfait. »
Maitreya dit :
« C'est au moyen de quelles qualités que le Bodhisattva Grand Être est sans-recul et progresse dans le Grand Véhicule sans se désister ; qu'en agissant comme un Bodhisattva, il soumet ses ennemis[93] ; qu'en réfléchissant à fond sur l'Enseignement, il connaît les caractères fondamentaux de toutes choses telles qu'elles apparaissent ; qu'en ne repoussant pas Naissance-et-Mort (Samsâra), il possède sa propre sagesse en plénitude et ne suit pas ce qui lui vient d'autrui[94], et qu'enfin, il réalise rapidement l'Étape de la Suprême Toute-Connaissance ? »

L'Honoré du Monde s'exprima en disant :
« C'est bien, c'est bien ! ta question me plaît : elle est excellente

et d'une grande beauté ; je vais t'enseigner à fond, car, dans ta question, il y a tout ce qu'obtient le Bodhisattva au cours de sa carrière. Sois donc attentif et réfléchis bien ! »
Alors, Maitreya reçut l'enseignement avec un cœur unifié et une attention sereine.
Le Bouddha dit à Maitreya :
« Le Bodhisattva doit se parer de huit qualités pour arriver rapidement à la Suprême Toute-Connaissance.
Quelles sont ces huit ?
1. La pureté de la nature profonde[95] ;
2. La perfection de la moralité[96] ;
3. La perfection du don[97] ;
4. La perfection du souhait[98] ;
5. La perfection de l'amour[99] ;
6. La perfection de la compassion[100] ;
7. La perfection des excellents moyens[101] ;
8. La perfection de la sagesse[102].
C'est au moyen de ces huit choses que le Bodhisattva arrive rapidement à la Suprême Toute-Connaissance. »
Le bodhisattva Maitreya et les Assemblées furent tous dans la joie.
Sûtra développé du *Mahâyâna* enseigné par le Bouddha sur l'obtention de la Sagesse.

II

Sûtra des paroles du Bouddha sur la Suprême Sagesse, trésor des précieuses qualités de la Mère des bouddhas

Traduit sous les Song par Fa hien
(T. VIII, 229, p. 676c-677c)[103]

Chapitre premier[104]

À ce moment-là, l'Honoré du Monde, en vue de réjouir chacune des quatre assemblées, enseigna ce sûtra sur la Suprême Sagesse, que quiconque reçoit gagne le bonheur, et il prononça aussitôt ces stances :

1.

S'il y a un bodhisattva qui, en faveur du monde,
Veut détruire les obstacles et les souillures des passions,
Produire une pensée de foi pure et demeurer dans la paix,
Qu'il pratique la Sagesse qui est allée sur l'Autre Rive[105] !

2.

Sur ce continent *Jambu* (l'Inde), toutes les rivières
Desquelles les fleurs, les fruits et les herbes médicinales tirent leur croissance,
S'écoulent grâce au divin pouvoir d'un dragon :
Le Roi des Dragons qui demeure dans le Lac de froidure (le Manasarovar).

3.

De même aussi, quand les fils du Bouddha et les disciples
Font un exposé de la Loi et enseignent aux autres, par des moyens habiles,
À rechercher les fruits et rétributions des pratiques du Très Saint qui donne le bonheur,
Tous le font en vertu des pouvoirs supérieurs du Réalisé.

4.

Pourquoi le Bouddha, cet Œil de la Loi, enseigne-t-il ?
C'est pour que les disciples qui, en leur qualité d'élèves du Bouddha,
S'étant réalisés eux-mêmes, enseignent aux autres par des moyens habiles,
Le fassent aussi par le pouvoir du Bouddha et non par leur propre pouvoir.

5.

Puisque la Suprême Sagesse est inconcevable,
Nul esprit ne peut la connaître sans obtenir l'Éveil.
En revanche, si on en entend parler sans en être effrayé,
On peut connaître la Sagesse des bouddhas par cette pratique des bodhisattvas[106].

6.

Les formes, sensations, perceptions, formations, consciences sont sans réalité.
Nul grain de poussière ne pouvant s'y fixer, on ne saurait y trouver une place où demeurer.
Puisqu'ainsi ne demeure aucun des phénomènes,
C'est en s'exerçant à ne rien saisir que l'on obtient l'Éveil.

7.

Les bodhisattvas qui tendent à la Sagesse en menant une vie errante,
Voient clairement que les cinq groupes n'ont pas le caractère du réel.
Le sachant, ils ne cherchent pas en eux la paix.
Ceci est la manière des bodhisattvas de pratiquer la Sagesse.

8.

Et encore, quelle est donc cette sagesse qu'ils obtiennent ?
Voyant clairement que tous les phénomènes sont complètement vides,
Ils sont sans attaches ni crainte en voyant clairement cela :
C'est ainsi que les bodhisattvas s'éveillent eux-mêmes et éveillent les autres.

9.

Formes, sensations, perceptions, formations, consciences sont les (cinq) groupes.
Bien que l'on voie ces groupes se succéder, on ne les connaît pas.
Mais les bodhisattvas voient clairement que les groupes sont complètement vides :
Pratiquant l'absence de notions illusoires, ils ne s'attachent à rien.

10.

Vides sont les formes, les sensations, les perceptions, les formations et les consciences :
Ne pas s'y laisser prendre, cela s'appelle la pratique de l'absence de notions.

S'y laisse-t-on prendre ? alors on n'obtient pas la Suprême Sagesse.
Quant à l'absence de notions, c'est le recueillement de la Paix.

11.

Si les bodhisattvas pratiquent la paix en eux-mêmes,
C'est que les bouddhas du passé leur ont tous donné la Prophétie.
Les joies et les peines du corps ne les touchent plus,
Car ils connaissent la nature originelle de la Loi de Causalité.

12.

Si mettre la Loi en pratique, c'est ne rien chercher à obtenir,
C'est par une pratique que l'on s'avance jusqu'à la Sagesse des bouddhas.
Pratiquer tout en sachant qu'il n'y a rien à pratiquer,
Cette pratique est la pratique de la Suprême Sagesse.

13.

Bien qu'il n'y ait rien que l'on puisse obtenir,
Les ignorants s'attachent à des notions comme être et non-être.
Mais l'être et le non-être, ces deux notions, n'ont aucune réalité :
Ceux qui savent s'en débarrasser, ce sont les bodhisattvas.

14.

Puisque les bodhisattvas savent que ce ne sont que fantasmagories,
Les formes, les sensations, les perceptions, les formations, les consciences et tout le reste,
Par la pratique de la paix, ils écartent toute espèce de notion.
C'est cela qu'on appelle la pratique de la Suprême Sagesse.

15.

C'est par les moyens habiles que l'ami de bien fait en sorte que l'on s'éveille :
Grâce à lui, on entend parler de la Mère des bouddhas sans en être effrayé.
Mais ceux qui suivent de mauvais amis et y entraînent les autres
Ne sont que des citernes qui s'effondrent quand on les remplit d'eau.

16.

Pourquoi peut-on les appeler « bodhisattvas » (êtres d'illumination) ?
Bien qu'ils goûtent à tous les plaisirs, ils ne s'attachent à aucun ;
Tendant à l'Éveil des bouddhas, ils sont sans attaches.
Voilà pourquoi on peut les appeler « bodhisattvas » !

17.

Pourquoi peut-on les appeler « mahâsattvas » (Grands Êtres) ?
Parmi la foule des êtres, ils sont les premiers
Et détruisent toutes les vues fausses concernant le monde des êtres.
Voilà pourquoi on peut les appeler « mahâsattvas » !

18.

Étant grands par le Don, grands par la Sagesse, grands par les pouvoirs supérieurs,
Bien que le Véhicule des bouddhas soit suprême, ils l'obtiennent également,
Et c'est dans le but de sauver tous les êtres qu'ils produisent le désir de l'Éveil.
Voilà pourquoi on peut les appeler « mahâsattvas » !

19.

Un magicien, par ses quatre pouvoirs, quand bien même il aurait devant lui
Des troupes évaluées à cent millions d'hommes, leur couperait à tous la tête !
Tous les univers n'étant que des fantasmagories,
Les bodhisattvas, le sachant, obtiennent l'absence de crainte.

20.

Formes, sensations, perceptions, formations, consciences sont les mailles d'un filet :
Sachant qu'elles sont sans réalité, ils ne cherchent pas à les traverser ;
Développant le désir de l'Éveil, il n'y a rien à quoi ils s'attachent,
Ceux que l'on appelle « bodhisattvas suprêmes ».

21.

Pourquoi peut-on les appeler « bodhisattvas » ?
Montés sur le Grand Véhicule, ils progressent en sauvant tous les êtres.
L'essence et les caractères du Grand Véhicule sont pareils à l'espace,
C'est pourquoi les bodhisattvas obtiennent la paix, le calme et le bonheur.

22.

Monter sur le Grand Véhicule, c'est ne rien chercher à obtenir.
Atteindre le Nirvâna, c'est comme aller dans les autres directions :
Comme en s'y rendant, on ne peut plus être vu, cela ressemble à une flamme qui s'éteint.
Voilà pourquoi l'on parle d'entrer dans le *Nirvâna* !

23.

Comme les bodhisattvas agissent sans rien chercher à obtenir,
Le passé, le présent et l'avenir sont purs tous les trois.
À cause de cette pureté, ils sont sans craintes ni disputes.
Cette pratique est la pratique de la Suprême Sagesse.

24.

Au moyen de la Grande Sagesse, les bodhisattvas progressent
Et tandis qu'ils progressent,
Ils produisent un grand amour de compassion à l'égard de tous les êtres.
Ce faisant cependant, ils ne font pas se lever la notion de tous les êtres.

25.

Si les bodhisattvas produisaient une pensée en faveur de tous les êtres
Et se livraient à des activités pénibles en ayant la notion de souffrance,
Ils auraient la notion d'un moi, la notion de tous les êtres,
Mais cette pratique n'est pas la pratique de la Suprême Sagesse !

26.

Ils savent au contraire qu'eux-mêmes et tous les êtres,
– Et c'est pareil avec tous les phénomènes –,
Ne naissent pas, ne périssent pas, ne sont pas deux, ne sont pas distincts.
Cette pratique est la pratique de la Suprême Sagesse.

27.

Et quels que soient les noms que l'on donne aux choses du monde,
Elle détruit tous ces phénomènes qui naissent et périssent,
La Sagesse Suprême, incomparable et immortelle.
C'est pourquoi on peut l'appeler « Sagesse ».

28.

Tandis qu'ils se livrent à leurs activités, les bodhisattvas
Savent parfaitement qu'avec les moyens habiles, il n'y a rien à rechercher :
Ils savent en effet que la nature originelle de ces phénomènes est sans réalité.
Cette pratique est la pratique de la Suprême Sagesse.

29.

S'il ne demeure ni les formes, ni les sensations ;
S'il ne demeure ni les perceptions, ni les formations
Et pas davantage les consciences, la Bonne Loi, elle, demeure.
C'est cela qu'on appelle la pratique de la Suprême Sagesse.

Chapitre 2

30.

Ce qui demeure et ce qui ne demeure pas, le plaisir et la peine,
Le moi et le non-moi : tout est complètement vide.
En ne demeurant, ni dans l'affirmation, ni dans la négation,
Mais en demeurant dans la pratique de l'absence de notions,
On est un bouddha tout aussi bien.

31.

Que l'on tende aux états de disciples, de bouddhas-pour-soi
Et ainsi de suite jusqu'au fruit de la Bouddhéité, c'est toujours la même chose :
Si l'on ne demeure pas dans la conviction qu'il n'y a rien à obtenir,
C'est comme si l'on traversait un grand fleuve sans savoir où est la rive.

32.

Si l'on entend cette loi et qu'on parvienne à s'y fixer,
On atteindra le Parfait Éveil et on réalisera le *Nirvâna*.
On regardera alors tous les êtres comme soi-même.
« C'est cela la Grande Sagesse ! » dit le Réalisé[107].

Parmi les fils du Bouddha, il faut que demeurent quatre personnes
(cette pratique est la pratique de la Grande Sagesse) :
ceux qui croient en la Bonne Loi de Vérité ;
ceux dont le cœur ne se désiste plus ;
les Saints (Arhat) qui ont écarté les souillures et sont sans passions ni désirs ;
ceux qui suivent un Ami de bien.

33.

En pratiquant ainsi dans la Grande Sagesse, les bodhisattvas
Ne s'éveillent pas comme des disciples ou des Bouddhas-pour-soi :
Ils s'entraînent, en effet, en vue de la Toute-Connaissance des Réalisés
Et c'est parce que, pour eux, s'entraîner, c'est ne pas s'entraîner que l'on dit qu'ils s'entraînent.

34.

Quand ils s'entraînent, ils ne saisissent aucune forme, ni pour l'augmenter, ni pour la diminuer,
Et c'est ainsi que, de nouveau, ils ne s'entraînent en aucune sorte de phénomènes.
S'ils saisissaient quelque chose en s'entraînant avec ardeur en vue de la Toute-Connaissance,
Tous leurs mérites en seraient perdus.

35.

Dans les formes, il n'y a ni Sagesse ni absence de Sagesse.
Avec les sensations, les perceptions, les formations et les consciences, c'est pareil.
En leur nature propre, les formes ressemblent à l'espace :
Elles sont égales, sans dualité ni distinction.

36.

La nature originelle des pensées illusoires est sans limites
Et c'est pareil avec celle de tous les êtres.
Avec la nature propre de l'espace, c'est pareil
Et c'est pareil aussi avec la Sagesse du Connaisseur du Monde.

37.

« Puisque la Sagesse est sans forme », dit le Bouddha,
C'est en écartant toutes les pensées qu'on atteint le *Nirvâna*.
Si quelqu'un écarte toutes les pensées,
Même quand il parle et agit, il demeure dans la Juste Attitude (*Tathatâ*).

38.

Même si le Bouddha demeurait dans le monde pendant des âges aussi nombreux que les sables du Gange,
On ne l'entendrait jamais dire : « Tous les êtres ! »
Tous les êtres en effet sont sans naissance et originellement purs.
Cette pratique est la pratique de la Suprême Sagesse.

39.

Le Bouddha dit : « Quelles que soient les paroles que je vous ai dites,
Toutes sont en accord avec le sens de la Suprême Sagesse.
C'est pourquoi autrefois, j'ai reçu d'un Bouddha cette prophétie :
Toi dans l'avenir, tu réaliseras l'Éveil ! »

III

Sûtra en stances sur le Bouddha Amita
(version corrigée[108])

Les répertoires des sûtras anciens et archaïques disent : « Manque le nom du traducteur. Maintenant il est rangé dans le répertoire des Han Postérieurs. » (Taishô, t. XII, 373, p. 374b-c)

1.

Quand le moine « Qui pense à la Loi[109] »
Suivait [le Bouddha] « Roi de l'abondance du Monde »,
Il émit un vœu comme celui des bouddhas
Et formula une promesse en vingt-quatre articles.

2.

D'âge en âge, il vit les bouddhas
Par millions, en nombre incalculable.
Sans relâche en ses vies temporaires, il progressa.
De mérites, complètement, il se para.

3.

Dans l'univers nommé « Le Pur[110] »,
Devenu bouddha, il s'appelle « Sans-mesures ».
Son monde est plat, paisible, agréable :
Abondant s'y trouve le bonheur, nombreux les êtres supérieurs[111].

4.

Des arbres de joyaux, de toutes sortes,
Sont disposés en ordre et mutuellement se fécondent.
Racines, troncs, branches, feuilles et fleurs,
Étant d'espèces différentes, ont chacun leur parfum.

5.

De douces brises, trois fois par jour, les agitent :
À chaque fois leur naît comme des fleurs :
Elles tombent sur le sol comme si des mains étendaient
Un tapis multicolore partout de même hauteur.

6.

Il ne s'y trouve aucune des montagnes,
Ni l'eau des mers, ni les rivières.
Seuls s'écoulent des cours d'eau
Dont le murmure proclame l'enseignement des Sûtra.

7.

Si les dieux et les hommes pénètrent dans l'eau pour y jouer,
Celle-ci demeure telle qu'ils la souhaitent :
S'ils veulent qu'elle s'arrête aux aisselles ou aux épaules,
Par le fait qu'ils le souhaitent, cela se réalise à l'instant.

8.

Du Bouddha, la vie ressemble aux sables des dix régions.
Sa lumière brille partout sans limites.
Des Bodhisattvas et des Disciples,
Il n'est pas possible d'en deviner ni d'en dire le nombre[112].

9.

Si vous désirez voir ce Bouddha,
N'ayez aucun doute et ne l'oubliez pas.
Si vous doutez, demeurant dans une matrice,
Vous ne le joindrez pas durant cinq cents ans.

10.

Sans le doute, vous renaîtrez assis sur un trône,
Les mains jointes, en présence de « Sans-mesures[113] ».
Si vous souhaitez parcourir les dix régions,
En un instant, aussitôt, vous vous y rendrez et vous en reviendrez.

11.

Penser à lui qui, en tant que bodhisattva,
Acquit des mérites durant dix millions d'âges,
Comme lui-même l'avait promis lors de sa démarche originelle[114],
C'est obtenir d'être appelé « Ami du Bienheureux[115] ».

12.

Quand un Bouddha paraît, c'est difficile de le rencontrer.
Quand se tient son assemblée, c'est difficile de l'entendre.
Quand le Maître enseigne, c'est difficile d'être là.
Devenir son disciple, c'est difficile de l'obtenir.

13.

S'il vous arrive d'être là à la fin des temps,
Quand la Loi, sous l'effet du désir, dépérira,
Vous devrez ensemble arborer, garder
Et mettre en pratique la Loi de l'absence de désirs du Bouddha.

14.

Le Bouddha dit avec force : « Ce point essentiel,
Chacun de vous doit s'efforcer de le méditer et de le mettre en pratique :
Recevant alors un bonheur sans mesures,
D'âge en âge, avec respect, vous le transmettrez. »

IV

La Promesse en vingt-quatre articles de la version Han du Grand Sûtra de la Terre Pure[116]

(T. XII, 361, p. 281a-c)

« 1. Quand je deviendrai Bouddha, il n'y aura dans mon pays ni enfers, ni oiseaux ou quadrupèdes, ni esprits affamés, ni espèces se mouvant en sautant, volant ou rampant. Une fois ce vœu réalisé, je deviendrai Bouddha. Tant que ce vœu ne sera pas réalisé, je ne deviendrai pas Bouddha.

2. Quand je deviendrai Bouddha, les êtres qui seront allés renaître en mon pays, une fois quitté mon pays, ne retourneront plus dans les enfers, chez les esprits affamés, chez les oiseaux et quadrupèdes ou chez les espèces qui se meuvent en sautant : s'ils y renaissent, je ne deviendrai pas Bouddha[117].

3. Quand je deviendrai Bouddha, si les êtres qui seront allés renaître en mon pays ne sont pas d'une seule espèce corporelle et de couleur dorée, je ne deviendrai pas Bouddha.

4. Quand je deviendrai Bouddha, si, parmi les êtres qui seront allés renaître en mon pays, il y a une différence entre ceux du ciel et ceux de la terre, je ne deviendrai pas Bouddha.

5. Quand je deviendrai Bouddha, si les êtres qui seront allés renaître en mon pays recherchent où ils sont allés successivement renaître depuis le début jusqu'à la fin et où ils sont allés successivement renaître au cours de leurs vies passées durant un million d'âges et qu'ils ne se souviennent plus de là où ils sont allés successivement renaître, je ne deviendrai pas Bouddha[118].

6. Quand je deviendrai Bouddha, si les êtres qui seront allés renaître en mon pays n'ont pas tous l'œil pénétrant, je ne deviendrai pas Bouddha.

7. Quand je deviendrai Bouddha, si les êtres qui seront allés renaître en mon pays ne connaissent pas entièrement la pensée des autres, je ne deviendrai pas Bouddha.

8. Quand je deviendrai Bouddha, si les êtres (de mon pays) ne volent pas tous, je ne deviendrai pas Bouddha.

9. Quand je deviendrai Bouddha, si les êtres (de mon pays) n'ont pas tous l'oreille pénétrante, je ne deviendrai pas Bouddha.

10. Quand je deviendrai Bouddha, si les êtres de mon pays ont des désirs passionnés, je ne deviendrai pas Bouddha[119].

11. Quand je deviendrai Bouddha, les êtres de mon pays demeureront dans l'état [correctement] fixé et atteindront le Nirvâna Final ; si cela n'est pas, je ne deviendrai pas Bouddha.

12. Quand je deviendrai Bouddha, si, dans chacun des cent milliards de pays de Bouddha, les dieux, les humains et les espèces se mouvant en sautant deviennent des Bouddhas Individuels ou de Grands Disciples et qu'ils se mettent à réfléchir d'une manière concentrée pour calculer ensemble combien il y aura de disciples en mon pays, même en y consacrant dix millions d'âges, ils ne parviendront pas à les compter ; si cela n'est pas, je ne deviendrai pas Bouddha.

13. Quand je deviendrai Bouddha, ma lumière surpassera le soleil et la lune et des centaines de millions de fois l'éclat de tous les Bouddhas : elle éclairera les incalculables endroits ténébreux qui sont sous le ciel et tous seront toujours grandement éclairés ; les dieux, les humains et les espèces se mouvant en sautant, voyant ma lumière, ne seront pas sans avoir un cœur plein d'amour ; ils feront le bien et iront renaître en mon pays ; si cela n'est pas, je ne deviendrai pas Bouddha.

14. Quand je deviendrai Bouddha, si, dans les pays de Bouddha incalculables des huit directions, d'en haut et d'en bas, les dieux, les hommes et les espèces se mouvant en sautant, obtenant le fruit de Bouddha Individuel ou réalisant l'état de Disciple, s'assoient ensemble et se mettent à réfléchir d'une manière concentrée pour calculer ensemble et connaître le nombre de mes années et combien ma vie fait de milliers d'âges, ils ne seront pas capables de connaître les limites de ma vie ; si cela n'est pas, je ne deviendrai pas Bouddha.

15. Quand je deviendrai Bouddha, les êtres qui seront allés renaître en mon pays, sous réserve de ce qu'ils pourraient souhaiter[120], prolongeront la durée de leur vie de sorte qu'il ne sera pas possible de la mesurer ; si cela n'est pas, je ne deviendrai pas Bouddha.

16. Quand je deviendrai Bouddha, aucun des êtres n'aura la pensée du mal ; si cela n'est pas, je ne deviendrai pas Bouddha.

17. Quand je deviendrai Bouddha, mon nom sera entendu dans les innombrables pays de Bouddha des huit directions, d'en haut et d'en bas ; tous les Bouddhas, chacun au milieu d'une assemblée de disciples loueront mes mérites et les avantages de mon pays ; en entendant mon nom, les dieux, les hommes et les espèces se mouvant en sautant sauteront de joie et iront renaître en mon pays ; si cela n'est pas, je ne deviendrai pas Bouddha.

18. Quand je deviendrai Bouddha, si, dans les pays de Bouddha, les êtres qui se seront engagés sur la voie des Bodhisattvas pensent constamment à moi avec un cœur pur, à la fin de leur vie, avec une foule de moines innombrables, j'irai à leur rencontre en volant et tous ensemble, nous nous tiendrons devant eux ; alors, ils renaîtront dans mon pays et réaliseront l'état Sans-recul ; si cela n'est pas, je ne deviendrai pas Bouddha[121].

19. Quand je deviendrai Bouddha, si les êtres qui, dans les pays de Bouddha des autres directions, auront commis le mal dans leur vie passée, entendent mon nom et la Voie Correcte et désirent aller renaître en mon pays, à la fin de leur vie, ils ne tomberont pas dans les trois mauvaises destinées, mais renaîtront aussitôt dans mon pays selon le souhait de leur cœur ; si cela n'est pas, je ne deviendrai pas Bouddha[122].

20. Quand je deviendrai Bouddha, dans mon pays, les Bodhisattvas ne seront pas déterminés à plus d'une seule naissance, sauf en vertu d'un vœu ; si cela n'est pas, je ne deviendrai pas Bouddha[123].

21. Quand je deviendrai Bouddha, si, dans mon pays, les Bodhisattvas n'ont pas tous les trente-deux marques, je ne deviendrai pas Bouddha.

22. Quand je deviendrai Bouddha, si, dans mon pays, les Bodhisattvas désirent ensemble porter des offrandes aux incalculables Bouddhas des huit directions, d'en haut et d'en bas, ils y iront tous en volant ; s'ils désirent obtenir des objets miraculeux de dix mille sortes, aussitôt ceux-ci se trouveront devant eux ; les tenant en main, ils en feront l'offrande aux Bouddhas ; quand tout cela sera terminé, vers les trois heures de l'après-midi, ils reviendront dans mon pays ; si cela n'est pas, je ne deviendrai pas Bouddha.

23. Quand je deviendrai Bouddha, si, dans mon pays, les Bodhisattvas veulent manger, aussitôt se tiendront devant eux des repas miraculeux de cent saveurs dans des bols de sept joyaux ; après le repas, tous les bols repartiront d'eux-mêmes ; si cela n'est pas, je ne deviendrai pas bouddha.

24. Quand je deviendrai Bouddha, si, dans mon pays, les Bodhisattvas n'enseignent pas la pratique des sûtra à la manière des Bouddhas, je ne deviendrai pas Bouddha. »

QUATRIÈME PARTIE

Conseils pour la méditation

1

Méditation sur la respiration

Le Vénérable Walpola Râhula dit[124] :
« Dans la pratique du bouddhisme, il y a trois choses.
La base, c'est la Moralité. Vous n'avez pas besoin ici de commentaire.
L'important, c'est la Culture mentale, la Méditation. L'esprit est comme un couteau. Il faut l'aiguiser sans cesse afin qu'un jour il puisse trancher la Réalité.
Ce sera alors la Sagesse, l'aboutissement.
Il faut donc pratiquer la méditation chaque jour, ne serait-ce que quelques instants. Même si vous ne voyez pas de résultats sensibles, persévérez. Quand la graine est plantée, il faut l'arroser chaque jour. Elle mûrit sans qu'on s'en aperçoive et, un beau jour, elle pousse d'elle-même.
Êtes-vous d'accord de faire maintenant avec moi un petit exercice ?
Alors, asseyez-vous le corps bien droit[125]. Pensez que votre colonne vertébrale est comme une pile de boîtes de conserves[126]. Posez les mains simplement sur vos genoux. Baissez légèrement les yeux. Avec le temps, il est préférable de les garder ouverts, sans rien regarder de spécial. Au début, pour prévenir les distractions, il vaut mieux les tenir baissés.
Détendez-vous bien complètement. Décontractez tous vos muscles. Bien. Respirez calmement et naturellement, en gardant les lèvres serrées.
Maintenant, pouvez-vous concentrer votre esprit là ? »
À cette question insolite, j'ouvris les yeux et je le regardai.
Il tenait sa main droite au bout de son nez et, du pouce et de l'index, il se pinçait la cloison nasale. Je souriais. Il ajouta :

« Votre corps est comme une ville. Fixez votre attention – votre attention seulement, pas votre regard – au bout de votre nez comme un homme qui s'assiérait à la porte d'une ville et compterait les gens qui entrent et qui sortent. Ce qui entre et qui sort, c'est votre souffle.
Comptez maintenant mentalement vos respirations : un, deux, trois[127]... Essayez d'aller jusqu'à dix sans être distrait.
Si vous êtes distrait, et c'est normal que vous le soyez, car notre esprit est difficile à discipliner, ne vous énervez pas, ne vous demandez pas non plus d'où provient la distraction. Reprenez seulement votre exercice et recommencez à compter depuis un.
Certains jours vous parviendrez facilement à compter jusqu'à dix et d'autres pas. Cela n'a aucune importance. Ce qui importe, c'est que vous fassiez l'exercice. Quand vous parviendrez ainsi à compter jusqu'à dix, vous pourrez cesser de compter pour suivre simplement l'air qui entre et qui sort. Persévérez, sans qu'il soit tant besoin d'autre méthode. Le fruit tombera de lui-même quand il sera mûr. »
Là-dessus, dans le calme du soir, nous sommes entrés tous les deux en méditation...

2

Méditation sur l'Amour

I

Méditation sur les quatre êtres

Il faut choisir au préalable un être cher, un être indifférent et un être hostile.

S'asseoir le corps bien droit, se détendre complètement et respirer calmement.

L'exercice consiste à dire mentalement un souhait d'amour en liant les divers membres de la formule employée à la respiration.

1. Sur soi-même.
« Puissé-je être heureux (aspir),
Gardez mon bonheur (rétention),
Et vivre sans inimitié ! (expir).
Je suis rempli (aspir),
D'une pensée (rétention),
D'amour bienveillant (expir). »
Répéter cela plusieurs fois.

2. Sur l'être cher.
« J'envoie des pensées d'amour à...
Puisse-t-il (ou elle) être heureux (heureuse),
Garder son bonheur,
Et vivre sans inimitié ! »

3. Sur l'être indifférent.
« J'envoie des pensées d'amour à... »
Comme ci-dessus.

4. Sur l'être hostile.
« ... m'a été hostile.
Puissé-je me libérer de toute inimitié.
Puisse-t-il être heureux, etc. »

5. Récapitulation.
Englober les quatre êtres dans une pensée d'amour.
« Puissions-nous être heureux... »
N'avoir qu'une seule pensée d'amour enveloppant tous les êtres :
« Amour... Amour... Amour... »

II

Méditation sur les cercles de rayonnement

Cette méditation est basée sur les mêmes principes que la précédente. Elle part de soi-même et s'étend peu à peu jusqu'à l'univers.

1. Point de départ.
« Puissé-je être heureux... »

2. Élargissement.
« Que tous les êtres qui sont...
Soient heureux !
Qu'ils gardent leur bonheur
Et vivent sans inimitié ! »

3. On ajoute ce qui convient :
« Que tous les êtres qui sont :
    en cette maison (en ce lieu),
    en cette localité (ville, village),
    en cette région,
    en ce pays,
    en ce continent,
    dans l'univers entier... »

III

Méditation sur les dix directions

Cette méditation est semblable à la précédente, mais au lieu d'aller de soi-même à la totalité de l'univers en suivant des cercles concentriques toujours plus larges, on dirige sa pensée successivement vers les êtres qui vivent dans les dix directions.

« Que tous les êtres qui sont :
à l'Est,
au Sud-Est,
au Sud,
au Sud-Ouest,
à l'Ouest,
au Nord-Ouest,
au Nord,
au Nord-Est,
au Nadir,
au Zénith... »

IV

Méditation en commun sur l'Amour

par exemple lors de célébrations interreligieuses

Bénédiction bouddhique

Paroles du Bienheureux Bouddha :
En vérité, la haine ne s'apaise jamais par la haine
La haine s'apaise par l'amour.
C'est une loi éternelle (Dhammapada).

Comme une mère, au péril de sa vie,
Surveille et protège son unique enfant,
Ainsi, avec un esprit sans limites, doit-on chérir tout être vivant,
Aimer le monde en son entier,

Au-dessus, au-dessous et tout autour, sans limitation,
Avec une bonté bienveillante et infinie.

Que tous les êtres en ce lieu rassemblés soient heureux !
Qu'ils gardent leur bonheur et vivent sans inimitié !

Que tous nos Frères et Sœurs répandus dans le monde soient heureux !
Qu'ils gardent leur bonheur et vivent sans inimitié[128] !

Que tous les êtres vivants soient heureux !
Qu'ils gardent leur bonheur et vivent sans inimitié !

(d'après le *Mettasutta*)

Transfert des mérites

Ceux qui s'exercent dans la pensée de l'Amour obtiennent de grands mérites.
Que les mérites obtenus dans cette pratique
Soient transférés également à tous les êtres !
Qu'ils produisent tous la pensée de l'Éveil
Et atteignent le plan suprême de la paix et du bonheur !

(d'après Maître Shandao, Chine, VIIe siècle)

Notes

1. « Honoré du Monde » est l'équivalent chinois du sanscrit Bhagavat, généralement traduit par « Bienheureux ». Cette expression désigne ici le Bouddha Çâkya-Mouni qui vécut au nord de l'Inde de 556 à 476 av. J.-C.

2. Litt. : « arriva au terme de la Voie ». Cette expression se réfère à l'Éveil ou Bodhi. L'Éveil est la plus haute réalisation spirituelle. Il consiste à éveiller totalement son propre esprit et, par là, à parvenir à la parfaite sagesse, au parfait amour et au parfait équilibre intérieur. L'Éveil suppose une transformation complète du fonctionnement de notre esprit. Celui qui le réalise est surnommé Bouddha, c'est-à-dire : « Éveillé », « Illuminé ». En fait, il prend conscience qu'en lui, les causes qui font renaître sont définitivement détruites et qu'il n'aura plus à renaître dans le cycle des renaissances. Cette expérience est obtenue uniquement par les forces qui sommeillent dans l'homme. Un Bouddha n'est donc pas un dieu, ni une manifestation divine, ni un prophète : c'est seulement un homme qui s'élève à un niveau de conscience supérieur et voit clairement qu'il est définitivement libéré.

3. Grande Concentration ou Samâdhi. Tout ce passage rappelle brièvement la pratique fondamentale du bouddhisme, qui est la « méditation », ou mieux, « l'attention ». Celle-ci consiste à observer dans le calme tous les phénomènes frappant l'esprit et l'esprit lui-même en ses divers états. On distingue plusieurs degrés : après avoir renoncé aux intentions mauvaises, on se met dans l'attention calme ; au début, l'exercice s'accompagne de réflexions et d'un sentiment de joie. Peu à peu les réflexions disparaissent d'elles-mêmes ; puis, la joie s'affine et devient un bonheur spirituel intense ; enfin, le bonheur lui-même se dissout dans la parfaite sérénité.

4. Mâra est un esprit tentateur qui, d'après la tradition, cherche à troubler le Bouddha durant sa méditation et à le détourner de son intention de livrer son enseignement. On distingue plusieurs Mâra, comme aussi « Mâra et ses filles », « Mâra et ses troupes », toutes expressions qui personnifient les tentations et les passions qui naissent tout naturellement de nos propres pensées.

5. « Roue de la Loi » fait allusion aux conceptions fondamentales du bouddhisme. Le courant de la vie est sans commencement ni fin.

Tous les êtres y sont emportés dans des transformations continuelles. Tout change constamment, même dans l'esprit : à tout instant, quelque chose naît, quelque chose meurt. Faire prendre conscience de cela et montrer le moyen d'être calme et heureux au sein du devenir universel, c'est toute la Loi bouddhique, symbolisée par une roue. On remarquera que l'enseignement de la Loi est « conforme à la Voie » : celui qui expérimente la grande paix bouddhique, n'ayant plus rien à rechercher pour lui-même, ne peut plus agir que pour le bonheur de tous les êtres.

6. Le Parc des Gazelles est situé à Rishipatana, aujourd'hui Sarnath, près de Bénarès.

7. Les cinq moines étaient d'anciens condisciples du Bouddha.

8. Le « Sermon de Bénarès » est appelé « Mise en mouvement de la Roue de la Loi ». Le Bouddha y résume sa doctrine dans les quatre Vérités qui sont : la Souffrance, l'Origine de la Souffrance, la Suppression de la Souffrance et la Voie qui mène à la Suppression de la Souffrance (voir préface et 2e partie, I.).

9. La Voie comprend huit éléments : Vision pure, Intention pure, Parole pure, Action pure, Moyen d'existence pur, Effort pur, Attention pure et Concentration pure. L'aboutissement est l'Éveil et son fruit, le Grand Calme appelé Nirvâna.

10. Çrâmana. Les religieux bouddhistes des Écoles anciennes pratiquent des règles dont le nombre varie d'une école à l'autre. Ici, le texte parle de 250 préceptes, ce qui se réfère au Vinaya des Dharmaguptakas, encore utilisé dans tout l'Extrême-Orient.

11. Saint ou Arhat. Dans l'évolution spirituelle, on distingue plusieurs degrés avant de parvenir au Parfait Éveil. D'après certaines traditions, la plupart des hommes ne peuvent guère songer qu'à obtenir un Nirvâna individuel, sans posséder la compréhension supérieure permettant de le transmettre. Cette perfection est appelée l'état d'Arhat, la Sainteté. D'autres traditions, formant le Grand Véhicule (Mahâyâna), affirment que tous peuvent tendre à l'Éveil Parfait et devenir Bouddhas en passant par les pratiques des Bodhisattvas.

12. Les prodiges énumérés ici sont des images traditionnelles montrant que la réalisation spirituelle rejaillit nécessairement sur le comportement physique : plus d'entraves matérielles à l'élévation spirituelle, harmonie dans l'aspect de toute la personne, santé et efficacité dans l'action.

13. Anâgâmin. À ce degré, il n'est plus possible de renaître en ce monde, mais seulement dans les hautes demeures célestes et d'y réaliser la Délivrance.

14. Sakridâgâmin. À ce stade, l'esprit reste attaché aux formes sensibles et à l'idée d'une perfection spirituelle à atteindre : il faut donc encore « changer de vie » en s'en dégageant.

15. Srota-âpanna. Celui qui se libère de l'attachement au moi, du doute et de la croyance dans les rites religieux doit rompre encore sept liens (les sept naissances et morts) : désir sensuel, mauvais vouloir, attachement aux formes sensibles, attachement à la perfection spirituelle, orgueil, agitation et ignorance.

16. Cet article, qui semble plus tardif, essaie de décrire l'attitude que cherchent à adopter les disciples du Bouddha.

17. Cette phrase reflète la doctrine suivante : la Nature profonde de Bouddha réside dans le cœur de tous les êtres, car elle n'est rien d'autre que la nature de notre esprit au moment de son premier éveil, avant la formation des pensées et, conséquemment, des passions. En regardant au point précis qui précède la naissance de chaque pensée, on peut réaliser la Nature de Bouddha. Un principe de l'École de la Méditation (chin. : Ch'an ; jap. : Zen) dit : « Regarder directement le cœur de l'homme, car voir sa propre nature, c'est réaliser Bouddha. »

18. Être Bouddha, c'est être naturel et spontané et maintenir son cœur sans attaches. Il ne faut donc s'attacher ni aux objets des sens, ni à ses propres pensées ou états d'âme. Il ne faut même pas être lié par la notion d'une perfection spirituelle à atteindre ou d'une voie à suivre.

19. À première vue, cette phrase semble recommander l'inertie. En fait, il s'agit d'une attitude intérieure exigeant une grande maîtrise du mental, car le mental est disposé à s'agiter sans cesse. La Nature de Bouddha est au-delà des actes, au-delà des pensées. Puisqu'elle est déjà au fond de notre cœur, il ne faut ni s'attacher à la notion d'un développement spirituel, ni chercher à réaliser un état intérieur quelconque. La Bouddhéité se réalise d'elle-même. Il faut donc la laisser faire !

20. Cet article décrit les principales règles des religieux : aspects extérieurs, pauvreté, etc. En principe, les bonzes de l'École du Sud (Theravâda) se conforment encore aujourd'hui à ces règles. Dans les Écoles du Nord (Mahâyâna), ces règles ont été adaptées aux climats et aux mœurs, et même, dans certaines branches japonaises, considérées comme caduques.

21. Il s'agit dans cet article des principes de « Moralité » (Çîla). Pour les disciples du Bouddha, la « Moralité » n'est pas fondée sur la révélation d'une volonté divine, mais sur l'observation de la vie et du cœur de l'homme. Son optique n'est jamais : « Cela est-il permis ? Cela est-il défendu ? », mais « Est-ce que cela élève l'homme et le prédispose à l'éveil intérieur ? Est-ce que cela attache l'homme et l'enferme dans le cycle du désir et de la souffrance ? ». Les « abstentions » ou « préceptes » ne font qu'indiquer d'une manière claire ce que chacun peut découvrir dans sa propre expérience. L'idée de base est que tout acte produit un effet, non seulement extérieurement, mais dans celui qui agit. Quand un acte est bon, l'effet intérieur est heureux. Quand un acte est mauvais, les conséquences sont doulou-

reuses. Ces principes constituent la « Loi de l'Acte » ou Karma. Cela étant défini, l'homme n'est responsable que devant lui-même.

22. Les trois actes ici mentionnés lèsent des droits. Le meurtre s'oppose au respect dû à tous les êtres vivants. Le vol s'attaque au droit de propriété légitime. Quant à l'impudicité, elle consiste à léser les droits des personnes pour satisfaire la passion amoureuse.

23. Ce qu'il a été dit des actions corporelles peut se dire des paroles. Éviter les paroles mauvaises, c'est créer un climat de confiance et de loyauté. On remarquera que le bouddhisme inclut dans les paroles mauvaises le vain bavardage, sans doute parce que celui-ci conduit à toutes sortes d'interprétations nuisibles.

24. Ne pas savoir modérer ses désirs est l'envie. Ne pas savoir accepter les circonstances de la vie est le mécontentement. Ne pas voir les choses telles qu'elles sont est l'égarement loin de la Vérité. Les Trois Joyaux (litt. : les Trois Honorés) sont le Bouddha (l'Éveillé), le Dharma (la Loi), le Samgha (la Communauté). La « profession de foi » bouddhiste comprend la prise de refuge dans les Trois Joyaux. Du point de vue superficiel, prendre refuge dans le Bouddha, c'est choisir Çâkya-Mouni comme son maître instructeur ; prendre refuge dans le Dharma, c'est tenir pour vrai son enseignement ; prendre refuge dans le Samgha, c'est soutenir matériellement les religieux et les respecter. Du point de vue spirituel, prendre refuge dans le Bouddha, c'est tendre à l'éveil intérieur ; prendre refuge dans le Dharma, c'est chercher à voir les choses telles qu'elles sont ; prendre refuge dans le Samgha, c'est ne faire qu'un en pensée avec tous ceux qui suivent la Voie de l'Éveil.

25. Les cinq préceptes sont cinq règles que les bouddhistes s'engagent à respecter au moment où ils prennent refuge dans les Trois Joyaux. Les quatre premiers consistent à s'abstenir des trois mauvaises actions corporelles et de la tromperie. Le dernier consiste à s'abstenir d'alcools et de drogues qui obscurcissent l'esprit. Soulignons que dans la Véritable École de la Terre Pure (Jôdo-Shinshû), on n'exige pas ce quintuple engagement, afin d'éviter par la suite tout conflit intérieur.

26. Le regret des fautes n'implique pas le remords ou un sentiment de culpabilité. Un bouddhiste considère que ce qui est fait est fait : il est donc inutile de ruminer le passé. « Regretter », c'est bien voir comment remédier à la situation et c'est corriger sa conduite.

27. Les quatre pensées sont l'Amour, la Compassion, la Joie, l'Équanimité. L'Amour consiste à vouloir du bien à tous les êtres quels qu'ils soient ; la Compassion, à vouloir délivrer de leurs peines tous ceux qui souffrent ; la Joie, à se réjouir du bonheur d'autrui ; l'Équanimité, à garder toujours sa bonne humeur dans les rapports avec autrui.

28. Cet article énumère les dix grandes étapes de la vie spirituelle adoptées généralement par les bouddhistes :

L'homme qui vit seulement pour satisfaire ses besoins et désirs ;
L'homme qui a des préoccupations morales et religieuses (c'est le niveau des diverses religions) ;
L'homme qui adhère aux principes de la Loi bouddhique ;
L'homme qui est libéré de l'attachement au moi, du doute et de la croyance dans les rites ;
L'homme qui est libéré du désir sensuel et du mauvais vouloir ;
L'homme qui est libéré de l'attachement aux formes sensibles et à la perfection spirituelle ;
L'homme qui est libéré de l'orgueil, de l'agitation et de l'ignorance ;
L'homme qui a éveillé son esprit par la concentration, mais sans avoir développé suffisamment l'amour (Bouddha-pour-soi) ;
L'homme qui, ayant développé l'amour, enseigne la Loi (Bodhisattva) ;
L'homme qui a atteint le Parfait Accomplissement (Bouddha Parfait).
Le dernier alinéa est peut-être une glose de copiste et montre les mérites de la piété filiale.

29. Le texte primitif parle de « cinq choses difficiles ». Cet article a donc subi des adjonctions.

30. Le sens de cet article est clair : la réalisation n'est pas d'ordre intellectuel, c'est une expérience de vie. Cet article suggère aussi l'idée que la réalisation, ou Nature de Bouddha, est déjà présente au fond de nous-mêmes, bien que recouverte par les pensées attachées et les passions. Mettre son esprit dans l'attitude du miroir qui ne s'attache à aucune forme et n'en refuse aucune, c'est atteindre la vraie nature de l'esprit. De ce point de vue, « connaître ses vies passées », c'est réaliser sa nature originelle et aussi constater tous les attachements et toutes les passions qui l'ont cachée.

31. Autre manière de dire que la « vraie connaissance » n'a rien à voir avec le savoir intellectuel.

32. Cet article donne de nouvelles images pour faire comprendre les rapports existant entre la vraie nature de notre cœur et les passions.

33. Les trois poisons sont la stupidité, l'amour-désir et la haine-colère.

34. Les cinq impuretés sont la fréquence des calamités, l'ignorance, les passions, la dégénérescence et la brièveté de la vie humaine.

35. Une « Terre de Bouddha » (Buddha-Kshetra) est d'abord le lieu où naît un Bouddha ; c'est ensuite le lieu où sa doctrine est répandue et acceptée ; c'est enfin tout ce qu'un Bouddha peut embrasser par sa connaissance et son amour. Dans les deux premiers sens, la « Terre de Bouddha » est un espace limité ; c'est le troisième sens qui est utilisé ordinairement dans les textes du Grand Véhicule (Mahâyâna), où l'on parle fréquemment d'innombrables « Terres de Bouddha » répandues dans toutes les directions. Concrètement, ces

« Terres de Bouddha » correspondent à un plan supérieur de conscience.

36. Cet article insiste nettement sur l'efficacité du rayonnement personnel. Agir pour le salut d'autrui, c'est d'abord atteindre sa propre réalisation. Ensuite, à la manière du flambeau allumé, on éclaire et réchauffe tous les êtres qui s'approchent. La grande tentation des humains est de vouloir aider autrui sans s'être réalisé soi-même, autrement dit, de vouloir éclairer les maisons avec des flambeaux éteints.

37. Toutes les activités d'un Bouddha reflètent l'attitude calme et éclairée qui persiste constamment au-dedans de lui.

38. Ici est rappelée l'intuition fondamentale du Bouddha : tout est impermanent, tout change continuellement ; il est donc sot de s'attacher à quoi que ce soit.

39. La foi, dans la tradition bouddhique, est la conviction qui résulte de la compréhension et de l'expérience. D'un point de vue plus particulier, elle est la confiance que l'on possède dans la Voie qu'après mûre réflexion on a décidé de suivre.

40. Les éléments qui sont dans le corps sont le solide (terre), le liquide (eau), la chaleur (feu) et le mouvement (air). Aucun de ces éléments n'est le moi. La notion d'un moi naît de l'unité apparente de notre organisme et de la constatation de la continuité de cet organisme. La personnalité est donc quelque chose de mouvant qui apparaît avec la conscience du corps et disparaît avec sa dissolution.

41. Les articles qui suivent vont montrer par des exemples nombreux quels sont les liens qui unissent la souffrance et le désir sous toutes ses formes, particulièrement le désir amoureux. En lisant cela, le lecteur qui n'a pas bien compris l'optique du Bouddha, s'écriera : « Alors le Bouddha interdit d'aimer, il proscrit l'amour et condamne l'attachement à sa famille ! » En fait, le Bouddha n'interdit rien du tout ; il dit simplement : « Si vous vous laissez capter par les filets du désir, vous souffrirez nécessairement ; dans le cas contraire, vous serez libres ; maintenant, faites comme vous voulez, vous êtes avertis ! »

42. Cet article s'adresse aux religieux qui se sont engagés dans la voie du célibat et de la chasteté absolue. Cet article n'est pas méprisable à l'égard des femmes, bien au contraire, puisque l'attitude recommandée vis-à-vis d'elles est celle de l'affection respectueuse que l'on adopte normalement à l'égard d'une mère ou d'une sœur. L'important, c'est que le religieux veille sur son cœur et soit prudent dans ses gestes.

43. La fin de cet article fait allusion à un exercice de méditation ayant pour objet le corps et son contenu.

44. Pour le Bouddha, l'important, c'est l'esprit. Il est donc inutile de pratiquer une ascèse corporelle, et à plus forte raison d'avoir recours

à une mutilation. Si le cœur est dépravé, la mortification ne sert à rien, et si le cœur est pur, la mortification ne lui ajoute rien. Ce qui est vrai de la mortification l'est aussi des rites religieux comme les sacrifices ou le bain rituel : pour un bouddhiste, aucun rite n'a d'efficacité par lui-même, il peut tout au plus inciter l'esprit à se purifier lui-même par lui-même.

45. Cet article reprend le thème du précédent d'une manière légèrement différente. Le Bouddha Kâçyapa est un Bouddha très ancien, le dernier des Bouddhas ayant précédé Çâkya-Mouni.

46. Cette réponse doit se comprendre dans le contexte de l'esthétique musicale de la Chine traditionnelle : les airs considérés comme les plus beaux sont les plus mélancoliques et touchent le cœur plus profondément.

47. La pratique du bouddhisme n'est ni du laisser-aller, ni de la contrainte, c'est un comportement équilibré, la « Voie du Milieu ».

48. Toute tension intérieure est nuisible et produit l'effet contraire à celui qu'on cherche à obtenir.

49. Il s'agit dans cet article des circonstances douloureuses (maladies, vieillesse, mort, deuil, calamité, etc.) imposées par la vie. Ce serait une erreur de s'imaginer que celui qui suit la Voie du Bouddha est libéré de la condition humaine. Celui qui suit la Voie du Bouddha est exposé comme tout le monde aux vicissitudes, mais, à la différence des hommes ordinaires, son esprit demeure libre et sa paix intérieure n'est jamais troublée.

50. Les trois voies mauvaises dépendent des trois poisons (voir note 33) : elles sont désignées comme Enfer, Monde des esprits affamés et Naissance animale (voir plus loin, note 54).

51. La tradition disait que les femmes souffraient de trois obstacles et de cinq empêchements. Les obstacles relevaient des usages de la société, tandis que les cinq empêchements tendaient à dénier aux femmes des aptitudes spirituelles élevées. Mais le bouddhisme, en partant du principe que la Nature de Bouddha est au fond du cœur de tous les êtres vivants, tendit à supprimer la distinction entre hommes et femmes du point de vue de la réalisation spirituelle.

52. Le Pays du Milieu est, en Inde, une région qui correspond en gros à la zone que parcourut le Bouddha. Le sens de la phrase est qu'il est difficile de naître dans un pays où il sera possible de connaître la Loi de Libération enseignée par le Bouddha.

53. L'expression « rencontrer un Bouddha durant sa vie » est très répandue dans les textes (voir article 10). Le sens premier est évidemment « recevoir directement l'instruction d'un Bouddha vivant ». Mais d'une manière plus profonde, « rencontrer un Bouddha durant sa vie », c'est « découvrir sa propre nature première » et « devenir soi-même un Bouddha ».

54. Le temps d'un aspir et d'un expir est celui d'une pensée. Le sens de l'article est qu'à chaque pensée nous mourons à un certain état pour renaître à un autre. La pensée chinoise bouddhiste aimera développer ce thème. On dira, par exemple, qu'une pensée de colère nous fait naître en Enfer, qu'une pensée de désir passionné nous fait naître dans le Monde des esprits affamés, qu'un état de stupidité est pour nous la Naissance animale, qu'un sentiment de violence est une renaissance parmi les Esprits combattants (Asura), que la joie est une renaissance parmi les Dieux et que l'égocentrisme est un retour à la nature humaine. On dira aussi que l'étude nous assimile aux Grands Disciples (Çrâvaka), que la concentration nous range parmi les Bouddhas-pour-soi (Pratyeka-Buddha) et que l'amour désintéressé fait de nous un Bodhisattva. Enfin, on affirmera qu'une simple pensée sans attaches suffit à faire de nous un Bouddha.

55. Le fait d'être aux pieds d'un Maître ne libère pas. C'est par soi-même qu'on est libéré. La vraie manière de rencontrer le Bouddha ne consiste pas à visiter l'Orient et à courir d'un Maître à un autre, mais à pratiquer la Voie de manière à rencontrer le Bouddha de sa propre nature. On peut faire remarquer ici que la méditation sur le Bouddha, soutenue par la récitation de son nom, sera la pratique essentielle des écoles de la Terre Pure.

56. Certaines sources ne donnent que les trois premières phrases.

57. Il s'agit du Véhicule ou Voie du Bouddha vers lequel tendent tous les autres (Disciples, Bouddhas-pour-soi, Bodhisattvas).

58. La Bouddhéité est déjà là : encore faut-il la regarder ! Les Tibétains disent que celui qui cherche le Bouddha ailleurs qu'en lui-même est semblable à un homme qui chercherait l'éléphant sur lequel il est assis.

59. Le Mont Soumérou est l'axe du monde. La recherche de la concentration, c'est-à-dire, la culture mentale, est la base inébranlable de la sagesse.

60. Le Nirvâna résulte du grand Éveil constant.

61. Les Six Dragons exécutent des mouvements symétriques interchangeables. Le vrai et le faux sont des affirmations relatives et demeurent dans le domaine de l'illusoire. La Vérité absolue est au-delà : c'est une attitude qui consiste à ne pas affirmer, à ne pas nier, mais à « vivre » dans le Réel.

62. La terre véritable de chacun ou, si l'on préfère, sa « Terre de Bouddha », c'est la Paix du Nirvâna, car la vraie nature de chacun est la Nature de Bouddha.

63. L'arbre des quatre saisons est une illusion. De même, on ne peut concevoir un commencement et une fin au grand cycle de la vie. Cela réfute l'erreur de ceux qui pensent que l'idéal bouddhique consiste à fuir le cycle de la vie, le Samsâra, pour se réfugier dans le Nirvâna. Le cycle de la vie ne s'interrompt jamais : l'idéal est d'y

vivre heureux et sans attaches. C'est ce qu'on appelle « vivre le Nirvâna dans le Samsâra ». Le Samsâra et le Nirvâna sont une seule et même chose, la vie, mais vue en deux attitudes contraires.

64. L'Ekottarâgamasûtra est la 4e section de la Corbeille des Sûtra des Écritures bouddhiques. Il doit son nom de « progression par un » au fait que les textes qu'il rassemble sont classés de 1 à 11 selon le nombre de sujets qu'ils traitent : un bouddha, deux vérités, trois passions, quatre vérités, cinq facultés, etc.

65. Les agrégats regroupent tout ce qui nous constitue : le corps avec ses facultés et le domaine du mental avec les sensations, les idées, les activités et la conscience.

66. Les Quatre Assemblées regroupent les moines, les nonnes et les adeptes laïcs de l'un et l'autre sexes.

67. Le Samyuktâgamasûtra ou « Recueil de sûtra groupés » constitue la 3e section de la Corbeille des Sûtra ; il rassemble les textes en chapitres selon leur parenté de thèmes, de prédicateurs, de genres, etc.

68. « Réalisé » traduit ici le terme sanscrit *açaiksha*, « au-delà de l'étude », qui s'applique à ceux qui ont terminé le parcours et n'ont plus à étudier ni à s'exercer en vue de l'Éveil : il s'agit des Saints. Dès qu'on s'engage sur le chemin, on est un étudiant (*çaiksha*).

69. Si l'on ajoute à ces quatre qualités la claire conscience de la Délivrance, on obtient les cinq agrégats purs que la tradition sanscrite de l'ancien bouddhisme appelle le « Corps de la Loi » ou « Corps de qualités », qui se confond avec la Nature de Bouddha : à l'agrégat du corps correspond la pure conduite, à celui des sensations, la pure équanimité, à celui des perceptions ou idées, celui du pur détachement de la pensée, à celui des activités ou formation, la pure délivrance des causes karmiques, à celui de la conscience, l'état d'éveil absolument pur.

70. Le Mahâsamnipatasûtra est une des sections des Écritures bouddhiques chinoises : l'expression sanscrite implique un rassemblement d'objets ou de personnes ; ici, il s'agit de sûtra de diverses origines.

71. D'autres indications nous apprennent qu'il dirigea le bureau impérial des traductions du Tripitaka et des sûtra apportés de l'Ouest. C'était un moine venu de l'Inde du Nord et il travailla à K'ai fong de 982 à 1017.

72. L'expression « Paix et Bonheur » est souvent utilisée par les traducteurs des textes anciens pour désigner l'état nirvânique où l'esprit, libéré des passions, se trouve apaisé et tranquille ; comme il est en même temps délivré des souffrances, il se trouve dans un bonheur pur et indescriptible.

Certains traducteurs du Mahâyâna emploieront cette expression pour rendre le sanscrit « Sukhâvati », la « Terre Heureuse », monde absolument pur du Bouddha de la Lumière infinie, Amitâbha.

73. Le Çâkya Mahânâman est l'un des disciples laïcs les plus attachants du Bouddha, dont il était parent. Il est l'interlocuteur du Maître dans plusieurs sûtra. Un récit émouvant nous raconte sa mort, conservé en pali (Dhammapada Atthakatha), d'où une orthographe un peu différente des noms.
« Le Prince Mahânâma, du clan des Sakyas et cousin du Bouddha, avait une foi profonde dans l'enseignement du Bouddha et il fut l'un de ses Disciples les plus fidèles. Un jour, le violent roi de Kosala, nommé Virudhaka, conquit le clan des Sakyas. Le prince Mahânâma se rendit auprès de ce roi pour sauver la vie de ses sujets, mais le roi ne voulut point l'entendre. Mahânâma proposa alors au roi de libérer tous les prisonniers qui pourraient quitter le château pendant que lui-même plongerait dans l'étang voisin.
Le roi accepta, persuadé que le prince ne pourrait rester que très peu de temps sous l'eau.
Lorsque Mahânâma plongea sous l'eau, les portes du château furent ouvertes et les prisonniers se ruèrent vers la liberté. Mais Mahânâma ne réapparut pas à la surface de l'eau ; il avait sacrifié sa vie pour sauver celle de ses sujets, en s'attachant par les cheveux aux racines qu'un saule plongeait sous l'eau. » (Texte tiré de *L'Enseignement du Bouddha*, Bukkyo Dendo Kyokai, Tokyo 1966.)

74. T'ien si tsai (Devaçanti) était originaire de Jalandhara au Cachemire. Il arriva à Pien, alors capitale de la dynastie Song, en 960, avec deux compagnons, dont l'un, Fa t'ien fut appelé à diriger le Bureau des traductions.
T'ien si tsai lui succéda en 987 et reçut alors le nom de Fa hien. Cette fonction impliquait un rang dans la hiérarchie des lettrés. Nous avons renoncé à traduire cette qualité.

75. Ce sûtra est manifestement une composition artificielle commentant la célèbre formule utilisée pour la « méditation » sur les différents titres attribués au Bouddha. Les réponses aux questions sont tirées vraisemblablement de sûtra de l'ancienne tradition sanscrite, avec des ajouts appartenant au Mâhayâna.

76. « État causal », expression qu'on retrouve à plusieurs endroits du texte, désigne la période où celui qui aspire à devenir un bouddha parfaitement accompli s'engage définitivement par un vœu, prononcé en présence d'un ancien bouddha, qui lui promet son futur éveil. Les vœux du Bodhisattva et toutes ses pratiques deviennent cause de sa réalisation à venir, d'où l'expression.

77. Les expressions essaient de rendre le mot « Tathâgata » : « qui est allé ainsi » que sont allés tous les bouddhas du passé ou « qui est allé à cela », la Réalité, c'est-à-dire : qui est parvenu à la Réalisation.

78. Voir : Sûtra en quarante-deux articles, I, p. 12, notes 11-12.

79. Les dix manières d'agir en bien comme en mal. Voir Sûtra en quarante-deux articles, IV, p. 14.

80. Commence ici la série des 47 auxiliaires de l'Éveil : l'attention porte sur le corps, les sensations, les états d'esprit et les pensées.

81. Il s'agit d'éliminer les mauvaises pensées, de ne pas les susciter, de faire naître les bonnes pensées et de les développer.

82. En s'appuyant sur l'effort, on développe la volonté, l'énergie, la concentration et l'investigation.

83. La foi, l'énergie, l'attention, la concentration et la sagesse.

84. Les mêmes, mais en tant que principes actifs conduisant à l'Éveil.

85. L'attention, l'observation de tous les phénomènes, l'énergie, la joie, la tranquillité physique et mentale, la concentration et l'équanimité.

86. Voir le Sûtra des quatre vérités, p. 36.

87. Les douze causes interdépendantes s'enchaînent selon le principe suivant : quand ceci est, cela est aussi ; si ceci n'est pas, cela n'est pas non plus.
Ainsi : c'est à cause de l'ignorance (1), que naissent les formations mentales (2), de celles-ci que naît la conscience (3), et de là, le Nom-et-corps (4), les six domaines des facultés (5), le contact (6), les sensations (7), la soif (8), l'appropriation (9), le devenir (10), la naissance (11), la vieillesse et la mort (12).

88. Sur les quatre fruits, voir Sûtra en quarante-deux articles, I et notes p. 12. Les trois savoirs sont ceux qu'acquiert un bouddha dans la nuit de l'Éveil : connaissance des vies antérieures, œil divin et constatation de l'épuisement des causes de la renaissance. Voir plus loin.

89. Les six pouvoirs sont la connaissance des vies passées, l'œil divin, l'oreille divine, le pied divin, la perception des pensées d'autrui et la conscience de l'épuisement.

90. L'expression est calquée sur le sanscrit *Sugata*.

91. On peut distinguer, parmi les êtres vivants, deux catégories : il y a ceux qui sont engagés définitivement sur la voie de la Délivrance et de l'Éveil : ils sont appelés « Nobles Êtres » (*Arya* en sanscrit) : tels sont les candidats au 1er fruit et les autres jusqu'à l'état d'*Arhat*, de Saint. Dans le Mahâyana, les bodhisattvas sont dignes de ce titre dès qu'ils deviennent des « Sans-recul ». Les Bouddhas-pour-soi et les Bouddhas parfaitement accomplis le sont éminemment.

92. Les termes utilisés, en sanscrit aussi bien qu'en chinois, suggèrent que le Bouddha discipline les humains comme on dompte un jeune taureau ou on dresse un cheval. Notre traduction est très édulcorée ! On trouve des textes comparant la voie bouddhique au dressage d'un éléphant, d'une vache ou d'un cheval. Voir Jean Éracle

/ Jérôme Ducor : *Thangka de l'Himalaya, images de la Sagesse*, Priuli et Verlucca Editori, Ivrea, et Musée d'ethnographie de Genève, 2e édition, 2003, PL. 73 et commentaire p. 141.

93. D'après une version plus tardive de ce texte, les ennemis du Bodhisattva sont les *Mâra* qui représentent tout ce qui, en nous, fait obstacle à notre progression : illusions, peurs, désirs, regrets, aversions, etc.

94. Cela évoque la décision prise par le Bouddha après six ans de recherche auprès de maîtres divers, de trouver par lui-même la voie de la Délivrance, ce qu'il réalisa sous l'arbre de l'Éveil.

95. En purifiant son esprit, on découvre sa vraie nature, qui est l'Éveil que rien ne peut troubler.

96. Il s'agit d'éviter les dix mauvais comportements et de développer les bons. Voir Sûtra en quarante-deux articles, IV, p. 14.

97. Le don est source de grands mérites : non seulement il aide autrui, mais il suppose un détachement. Il s'agit du don désintéressé et sans arrière-pensée... évidemment !

98. Il s'agit d'orienter toutes ses racines de bien du corps, de la parole et de l'esprit vers l'obtention de l'Éveil.

99. Par les actes du corps, de la parole et de l'esprit, on veut faire du bien à tous les êtres.

100. Par les actes du corps, de la parole et de l'esprit, on veut libérer ceux qui souffrent de leurs souffrances.

101. Les moyens excellents naissant de la connaissance de ce qui est vraiment important et de ce qui est illusoire et futile.

102. La sagesse se fonde sur la connaissance de la Loi de causalité des actes, c'est-à-dire : du *Karma*, ce qui entraîne une nouvelle manière de voir toutes choses et un nouveau comportement (voir le texte qui suit).

103. Fa hien (Dharmabhâdra) est le nom que prit T'ien si tsai quand il devint directeur du Bureau Impérial de traduction des Écritures bouddhiques en 987, ce qui situe le texte qui suit entre 987 et 1000.

104. Dans le texte, chaque chapitre comporte un titre et une phrase d'introduction : comme les uns et les autres n'ont pas toujours de lien évident avec les stances qui les suivent, nous pensons qu'elles sont des ajouts de scribes, nous les omettons, sauf la phrase d'introduction de l'ensemble.

105. Cette première stance est fondamentale, car elle souligne que tous les sûtra de *Prajñâ-Parâmitâ* décrivent une expérience spirituelle, donc essentiellement une pratique : celle de l'observation paisible du mental en vue de laisser l'esprit dans son état naturel, lumineux, pur et sans attaches. Il ne s'agit donc pas de traités de métaphysique !

106. Les lignes qui suivent jusqu'à la fin de ces deux chapitres exposent d'une manière saisissante les trois recueillements ou *samâdhi* que les sûtra des anciennes écoles appellent « les Trois Portes de la Délivrance », à savoir : le *Samâdhi* de la Vacuité, le *Samâdhi* du Sans-caractères et le Samâdhi du Non-souhait ou absence de but.
La vacuité dont il s'agit est celle de tous les phénomènes que les stances englobent dans l'expression « les cinq groupes et tout le reste ».
Elle est perçue dans une certaine attitude mentale : précisément le *Samâdhi* de la vacuité.
Cette attitude se développe ensuite dans une absence de notions et de réflexions qui correspond au *Samâdhi* du Sans-caractères et aboutit à une absence de vouloir saisir, le *Samâdhi* du Non-souhait où l'on comprend qu'il n'y a rien à obtenir.
Alors tous les liens sont brisés et c'est la paix du Nirvâna.

107. Les lignes qui suivent, en prose, brisent la belle ordonnance des stances : il s'agit probablement d'une glose de copiste.

108. Les anciens catalogues chinois des Écritures bouddhiques traduites mentionnent deux séries de stances portant ce titre avec l'indication : « sorties d'abord » ou « sorties ensuite » : il s'agit de deux éditions du même texte attribuées toutes deux à l'époque des Han Postérieurs (+ 25 – 220). La première utilisait une terminologie hésitante, ce qui motiva une seconde édition corrigée. On peut attribuer la première édition au Ier siècle de notre ère et la seconde aux environs de 200. L'original sanscrit, qui semble avoir subsisté jusqu'au VIIIe siècle au moins, datait probablement d'avant notre ère ; quant à la première version chinoise, elle paraît avoir disparu au cours du VIe siècle.

109. À l'instar de la version Han du Grand Sûtra de la Terre Heureuse (*Sukhâvatì*), nos stances ne donnent pas de transcriptions phonétiques des noms propres, mais traduisent ces derniers. Nous faisons de même, sauf dans le titre, lequel est dû à un copiste ou à un auteur de répertoire.

110. Ce nom anticipe l'appellation « Terre Pure », couramment utilisée aujourd'hui pour désigner le monde merveilleux où réside le Bouddha « Sans-mesures » (sanscrit : *Amita* ; chinois : Amituo ; japonais : Amida).

111. La description de la Terre Pure d'Amita qui suit, comme d'ailleurs celle donnée par le sûtra sanscrit et les versions chinoises, reprend celle de la capitale Kuçâvati de l'empereur universel Mahâ-Sudarçana, que l'on trouve dans le Sûtra du grand Nirvâna Final du *Dîrga-Âgama* sanscrit, du *Dîgha-Nikâya* pâli et des *Jataka* correspondants.

112. La longévité du Bouddha du Monde de Pureté, due à sa volonté de demeurer parmi les êtres par compassion, la lumière sans limites de sagesse et les êtres innombrables de son assemblée justifient pleinement son nom *Amita*, « Sans-mesures », « Infini ».

113. Se souvenir de ce Bouddha, avoir en lui une foi exempte de doutes et constante, c'est s'assurer de le voir au moment de la mort, et de renaître en sa Terre Pure assis sur une fleur épanouie de lotus. Si la foi vacille, tant que le doute perdure, on se trouve dans un lotus fermé et l'on ne peut pas voir le Bouddha.

114. Cette « démarche originelle » n'est autre que les vœux particuliers en vingt-quatre articles qu'il conçut et prononça au cours de sa longue carrière de bodhisattva.

115. Le texte chinois comportant une tache rendant partiellement illisible un idéogramme, nous interprétons celui-ci selon le contexte et les passages correspondants des diverses versions : « qui aime l'Honoré du Monde », « Ami du Bienheureux ».

116. Ces vingt-quatre vœux sont certainement très anciens, bien que cette version du Sûtra soit une compilation de la seconde moitié du IIIe siècle : ils semblent d'ailleurs être le noyau initial des séries de vœux du texte sanscrit et des versions chinoises et tibétaines.
On peut d'ailleurs distinguer en lui deux couches rédactionnelles : la série initiale devait comprendre les dix-sept premiers vœux et le dix-neuvième, qui semblent présenter la délivrance comme l'acquisition des quatre fruits du chemin des Saints (*Arhat*) ; on leur ajouta six vœux (18, 20-24) concernant ceux qui aspirent à devenir des bouddhas parfaitement accomplis, les bodhisattvas. Ces vingt-quatre vœux reflètent les conceptions des anciennes écoles, y compris le *Theravâda*.

117. D'après ce vœu et le précédent, naître dans la Terre Pure se confond avec la réalisation de l'état d'être noble (*Ârya*) qui s'obtient par la rupture du premier lien, la vue fausse concernant le « moi » (*satkâyadrishti*), et l'entrée dans la candidature au premier fruit. À ce stade, on ne peut plus renaître que chez les dieux et les hommes. Quant aux bodhisattvas, aussi bien dans l'ancien bouddhisme que dans le Mahâyâna, c'est quand ils atteignent l'état sans-recul (*Avaivartika*) qu'ils sont assurés de ne plus tomber dans les mauvaises voies et de réaliser l'état suprême de Bouddha : ils parcourront le chemin des Quatre Fruits dans la nuit du Suprême Éveil.

118. Ce vœu et les quatre suivants se rapportent à des pouvoirs qui peuvent être obtenus, non seulement par les bouddhas, bodhisattvas et adeptes du bouddhisme, mais aussi par les adhérents d'autres religions ou philosophies.

119. En comparant l'énoncé de ce vœu avec celui des textes parallèles et d'anciens commentaires, on s'aperçoit que les « désirs passionnés » se confondent avec l'attachement aux vues fausses concernant le « moi » : on aurait alors ici l'entrée dans le chemin des Quatre Fruits dont le vœu suivant montrerait l'aboutissement.

120. Cette réserve concerne ceux qui, comme bodhisattvas, souhaiteraient retourner dans le monde par compassion pour les êtres, et ceux qui, sur le chemin des Saints, décideraient d'entrer dans le Grand Nirvâna Final.

121. Ce vœu enseigne clairement le « Souvenir du Bouddha » comme moyen concret pour aller naître dans la Terre Pure ; comme ce souvenir doit être constant et muni d'un cœur pur, c'est-à-dire exclusivement fixé sur le bouddha Amita, on en vint à le soutenir par la récitation de son nom. On notera qu'ailleurs dans ce sûtra, il est donné une formule correspondant au sanscrit : *Namo Amitâ(ya) Samyak-sambuddhâ(ya)* : « Révérence au Parfait tout-éveillé Amita ! », ramenée depuis le Ve siècle à « *Namo Amitâ(ya) Buddhâ(ya)* » prononcée selon l'usage des divers pays (Chine, Corée, Vietnam, Japon).

122. Ce vœu donne une méthode différente : ceux qui ont commis le mal dans le passé, donc vraiment tout le monde !, entendant le nom et la Voie Correcte, désirent aller naître dans la Terre Pure : ils y renaissent alors nécessairement et sont définitivement libérés des mauvaises renaissances. La Voie Correcte n'est probablement pas différente du Chemin octuple, ce qui implique l'adhésion aux Quatre Nobles Vérités et leur mise en pratique, les mérites qui en résultent étant orientés vers la renaissance en la Terre Pure.

123. La carrière des bodhisattvas comprend plusieurs étapes importantes : après la résolution initiale de devenir un bouddha parfaitement accompli en vue de la délivrance des êtres, il y a une période de développement : on devient un « Sans-recul », puis un bodhisattva voué à une seule naissance, celle où l'on manifestera le Suprême Éveil et remettra en mouvement la Roue de la Loi : à ce stade, on garde la possibilité de renaître pour aider les êtres et cela librement (voir plus haut note 5).

124. Propos recueillis en décembre 1963. Walpola Râhula fut un savant bonze de Ceylan.

125. On peut adopter les postures assises connues dans le yoga. Si celles-ci sont impossibles, il faut simplement s'asseoir sur une chaise ou sur un tabouret. Le siège ne doit être ni trop haut ni trop bas. Il ne doit pas être trop mou.

126. Il s'agit ici d'une impression intérieure qu'il faut susciter. Cela ne signifie pas que le dos doive être tout raide et sans cambrure ! Il est recommandé de se balancer légèrement d'avant en arrière et de gauche à droite, afin d'acquérir un parfait équilibre. Veiller aussi à rentrer légèrement le menton, pour éviter que la tête ne parte en avant au bout de quelques minutes.

127. La manière de compter les respirations varie selon les auteurs. Les uns disent qu'on peut compter seulement l'aspir ou l'expir, tandis que d'autres pensent qu'on peut compter les deux.

128. On peut développer ces pensées d'Amour en les appliquant à toutes sortes d'êtres successivement.

Table

TROISIÈME PARTIE

Quelques textes du Mahâyâna

QUATRIÈME PARTIE

Conseils pour la méditation

Librio

667

Composition PCA - 44400 Rezé
Achevé d'imprimer en France par Aubin Imprimeur
en juin 2008 pour le compte de E.J.L.
87, quai Panhard-et-Levassor, 75013 Paris
Dépôt légal juin 2008
1er dépôt légal dans la collection : octobre 2004.
EAN : 9782290338346

Diffusion France et étranger : Flammarion